하나님은 이루시고
우리는 꿈꾸며 기도하고

하나님은 이루시고
우리는 꿈꾸며 기도하고

김대평 지음

목차

추천사 • 10

머리말 • 20

제1장 바위선교회(VOWE #37)의 시작

1) 목사님, 자주 오세요! • 24

2) 하나님은 이루시고, 우리는 꿈꾸며 기도하고 • 28

3) 에스겔의 비전을 따라 시작된 바위선교회(VOWE #37) • 35

4) 밀어주고, 끌어주고, 넘겨주고 • 40

5) 당 신 멋 져! • 44

제2장 급식/진료사역 보고

1) 사역의 시작 • 50

2) 사역의 확장 • 51

3) 사역의 안정과 다음 단계를 위한 도약 • 53

4) 형제가 연합하여 동거함이 어찌 그리 선하고 아름다운지요 • 54

5) 개미군단 일동, 앞으로 직진! • 58

제3장 고아원 사역과 'Here&Now Ministry' 보고

1) 고아원 사역의 시작 • 66

2) '기쁜 소식을 외치는 자들의 클럽'(Gospel Runner's Club)의 꿈 • 68

3) '치유하는 자와 세워주는 자들의 클럽'(Repairer&Restorer's Club)의 꿈 • 72

4) '꿈과 소망의 전달자들의 클럽'(200 Businessmen's Club)의 꿈 • 77

5) 형제들아, 내가 당한 일이 도리어… • 82

제4장 나를 꿈과 기도의 자리로 이끌어 준 2세 동역자들

1) 나단과의 만남, 새로운 꿈과 기도의 문이 열리다 • 88

2) 릭과의 만남, 한 번 더 꿈꾸고, 한 번 더 기도하고 • 93

3) 요나단과 베키와의 만남, 'Repairer&Restorer's Club'의 꿈과 기도 • 95

4) 기드온과 데비와의 만남, '200Businessmen's Club'의 꿈과 기도 • 98

5) 갈렙과 애니와의 만남, 'Gospel Runner's Club'의 꿈과 기도 • 101

제5장 기도모임 보고

1) 연합기도, 젊은 바위(Young Vowe) 기도모임-'거의' 장로를 세우다 • 106

2) 라스베이거스, 빅토빌 기도모임-
산 넘고 물 건너 멀리 멀리 퍼져나가는 기도의 물결 • 110

3) 방북 일정을 위한 준비기도모임-목사님, 나 담배 끊었어요! • 114

4) 북한 안에서 드리는 예배와 기도모임-
원 세상에, 미국 살면서 교회를 안 다녀? • 118

5) 북한에서 만난 사람들을 위한 나의 기도-
목사님, 우리 아들이 새 직장을 얻었어요! • 123

제6장 북한에서 만난 친구들

1) M1과의 만남-주 안에 있는 나에게 딴 근심 있으랴 • 130

2) M2와의 만남-목사님, 지옥이 정말 있나요? • 133

3) M3와의 만남-'거의'안수집사를 세우다 • 138

4) M4와의 만남-탕자와 착한 아비 이야기 • 141

5) M5와의 만남-나의 별명은 '못사는 님' • 144

제7장 하나님의 은혜로 오늘, 여기까지 왔습니다

1) 은혜의 손길에 붙잡혀-황해도 안악(安岳)에서 미국 LA까지 • 150

2) 하나님께서 미리 예비해주신 목회자의 길 • 152

3) 빚진 자의 길-북한선교 이야기 • 155

4) 3번의 길 떠남의 이야기-하나님께서 인도해주셨습니다 • 160

5) 세 번째 길 떠남-하나님 아버지, 감사합니다 • 163

   1. 글로벌선교교회 이야기

   2. 젊은 바위(Young Vowe) 이야기

   3. 산호세(San Jose) 패거리 이야기

   4. 'FOVE'(Friends of Vowe) 이야기

   5. 수의 케이터링(Sue's Catering) 이야기

제8장 부록

1) 파송과 헌신의 예배 설교-빚진 자의 꿈과 기도 • 172

2) 기도제목으로 나눈 이야기들 • 183

"이에 내가 그 명령대로 대언하였더니 생기가 그들에게 들어가매 그들이 곧 살아나서 일어나 서는데 극히 큰 군대더라" (에스겔 37:10)

"너는 곧 이르기를 주 여호와께서 이같이 말씀하시기를 내가 에브라임의 손에 있는 바 요셉과 그 짝 이스라엘 지파들의 막대기를 가져다가 유다의 막대기에 붙여서 한 막대기가 되게 한즉 내 손에서 하나가 되리라 하셨다 하고" (에스겔 37:19)

VOWE #37

Vision Of the Word by Ezekiel #37

추천사

"한 번뿐인 인생 속히 지나가리라. 오직 그리스도를 위한 일만이 영원하리라." 인생이 긴듯하지만 돌이켜 보면 날아가는 화살과 같습니다. 어느 날, 문득 뒤를 돌아본 인생의 발자국은 긴 여운의 흔적으로 다가올 뿐입니다. 그래서 대다수의 사람들은 속절없이 지나가는 것이 인생이라 말합니다. 그렇기에 누구나 삶이 깊은 의미로 장식된 인물을 접할 때마다 큰 도전을 받게 되는 것은 당연합니다. 저는 저자인 김대평 목사님의 삶이 그렇다고 단언합니다. 한순간도 흐트러짐 없이 그리스도의 사랑과 은혜를 전하고 나누는 것으로 점철된 삶, 복음을 전하는 것이라면 그 어느 곳도 마다하지 않을 기세로 살아오신 삶이라 소개하고 싶습니다.

　교우들을 지극히 사랑하셨던 지역교회 목회자가 60세의 나이에 선택한 북한선교 사역. 이 사역을 위해 꿈을 품고 설립한

바위선교회의 20년의 스토리는 아름답고 장엄하기까지 합니다. 60의 나이에 꿈꾸며 기도한 저자의 비전은 20년 세월을 거쳐가며 현실화되었습니다. 그 비전의 성취 과정을 저자는 "하나님은 이루시고 우리는 꿈꾸며 기도하고"라고 외치며 한 권의 책에 담았습니다. 저는 저자의 사역을 지근거리에서 목격해왔습니다. 때론 저자의 사역에 동행하여 그 사역의 생생한 현장을 목격하기도 했습니다. 사역의 현장에서 가장 큰 적은 꿈과 현실 사이의 괴리감이라 할 수 있을 것입니다. 그러나 저자는 이 괴리감을 기도와 겸손으로 극복했습니다.

본서는 기도와 겸손으로 일구어 온 20년의 바위선교회 사역의 결정판입니다. 이 책의 내용은 저자의 배후에서 강하게 역사하신 예수 그리스도의 스토리이기도 합니다. 따라서 이 책은 어떤 상황이든 예수 그리스도를 의지하며 꿈을 일구어 온 저자가 마침내 경험하게 된 '영적 성취의 신나는 사역보고서'라고 할 수 있을 것입니다. 예수 그리스도를 사랑하며, 예수 그리스도 안에서 비전을 품고 힘찬 인생의 발걸음을 계획하는 분들에게 이 책은 주옥같은 사역의 원리와 방향을 제시합니다. 꿈과 함께 설립된 바위선교회 20년 사역을 마치고, 저자는 나이 80에 또 다른 비전을 품습니다. 저는 '꿈의 사람은 결코 시들지 않는다'는 말이 진리임을 저자를 통해 발견합니다. 그리고 이 책을 읽으며 예수 그리스도 안에서의 꿈을 손질하기 시작했습니다.

저자는 '당당하고 신나는 사역'을 강조합니다. 자신의 시대에서 끝나는 사역이 아닌, 미래로 이어지는 사역을 펼쳤습니다. '밀어주고, 끌어주고, 넘겨주고'를 외치며 순간적으로 반짝하는 사역이 아닌, 뜨겁게 타오르며 꺼지지 않는 불꽃 사역을 감당해왔습니다. 저자가 견지한 사역원칙은 선교와 목회에서 벤치마킹할 수 있는 실제적 모델링을 제시합니다. 이 책은 예수님께서 말씀하신 하나님 나라 원리의 실제적 적용 사례를 담았습니다. 작은 겨자씨가 거목으로 성장하는 하나님 나라. 그렇기에 본서는 시대적 요청에 부합한 선교와 목회를 위한 성경적 지침서이기도 합니다. 저는 본서를 통해 진실된 사역, 목회, 그리고 선교를 지향하는 모든 분들이 깊은 통찰과 지혜를 얻을 수 있을 것이라 확신합니다. 뿐만 아니라 이 책을 읽는 모든 분들의 마음속에 불꽃처럼 타오르는 믿음의 열정을 경험하게 될 것을 아울러 확신합니다. 본서를 통해 하나님이 큰 영광을 받고 계심 또한 믿어 의심치 않으며 이 책을 하나님 나라의 완성을 기다리는 모든 분들에게 적극 추천합니다.

김지성 목사(글로벌선교교회 담임)

이 책에서 저자가 북한을 사랑해 온 여정은 감동입니다. 누가와 디모데가 바울의 목격자였던 것처럼 지난 20여년 저자의 삶을 곁에서 보며 눈과 마음에 담을 수 있는 은혜를 경험할 수 있었습니다. 저자는 말과 혀로 하는 것이 아니라 행함과 진실함으로 변방의 북한사람들을 섬기고, 또 기억해주셨습니다. 그 과정에서 무모하고 초라해질 때도 있었고, 오해받고 억울할 때도 있었지만 그들의 십자가를 함께 져주셨고 부활생명으로 그들과 함께 걸어와 주셨습니다. 그리고 결국, '작은 자들의 외치는 복음'을 살아내셨습니다.

  하나님이 저자에게 주신 꿈을 이룰 수 있게 하신 가장 큰 원인은 저자의 기도하는 삶에 있었습니다. '개미군단' 모두도 함께 기도할 수 있도록 늘 이끌어 주셨고, 우리가 기도할 수 있도록 또 기도해 주셨습니다. 그것이 주님의 마음을 여는 열쇠가 되어 저자를 통해 북한을 마음껏 사랑하셨던 순간들이 이 책을 읽으면서 새삼 기억되어졌습니다. 바울의 4차 선교여행이 기록에 남지 않은 것처럼 저자의 3기 사역은 책에 기록되지 않을 것이지만 북한의 작고 힘없는 친구들은 계속해서 기억되고 기도와 섬김을 받으며 저자를 통해 축복 받을 것입니다.

제롬과 알리사(세미안 소프트웨어 대표)

하나님을 사랑하고 현장에서 만나는 한 사람, 한 영혼을 귀하게 여겨 예수님의 마음으로 품고 애타게 기도하고 몸을 드려 묵묵히, 변함없이 끝까지 헌신한 한 리더의 진실한 삶의 이야기가 여기에 있습니다. 저자와 20여년 함께하며 본받기를 원하는 한 사람으로 이 책을 적극 추천합니다.

David Yoon 목사(바위선교회 VOWE37MN 대표)

김대평 목사님의 추천서를 써달라는 부탁을 받고 무척 망설여졌습니다. 저는 글을 잘 쓸 줄 모르고 서투릅니다. 그럼에도 김 목사님과의 인연이 37년이나 지속되었고, 나성한미교회에서 목회하신 17년 동안 함께 하나님을 섬겼고, 바위선교회의 세금보고를 20년 동안 해드린 세월은 결코 평범한 관계가 아니라 하나님께서 제게 주신 큰 축복이라 생각해 이렇게 용기를 내어 쓰게 되었습니다.

저는 저자를 목사님으로 존경하는 것 뿐 아니라 인생의 선배님으로 더욱 존경합니다. 항상 겸손하신 목사님이 남에 대해 안 좋은 이야기를 하신 것을 지난 37년 동안 한 번도 본적도, 들은 적도 없었습니다.

저는 2011년과 2016년에 김 목사님과 중국과 북한을 다녀왔고, 바위선교회 기도모임에도 간간이 참석했기에 이 책의 모든 이야기가 제 기억을 일깨워 주었습니다. 그리 길지 않은 분량으로 지난 20년의 사역이 압축된 이 책에는 그간의 모든 사역이 상세히 잘 표현되어 있기에 책만 읽어도 김 목사님의 20년 선교사역을 자세히 본 것 같을 것입니다.

제가 두 번 북한을 다녀 온 이야기를 하면 몇몇 분들은 다른 눈으로 저를 쳐다보기도 했는데, 김 목사님은 더 하셨겠지요. 그럼에도 목사님은 한결같이 주님 섬기듯, 북한의 영혼들을 섬기셨습니다. 이 책에는 북한 어린아이들의 굶주림을 보며 예수님의 긍휼의 마음으로 섬기신 목사님의 선한 마음이 넘쳐 납니다. 많은 분들이 이 책을 읽으셔서 북한의 실상과 하나님의 역사하심을 보시고, 느끼시면 좋겠습니다. 책을 읽다보면 비록 지금은 북한에 갈 수 없지만, 언젠가 길이 열리면 바위선교회와 같이 그곳에 가고 싶은 마음이 생기실 것입니다.

'당신 멋져'(당당하게, 신나게, 멋지게, 저주사)와 '밀어주고, 끌어주고, 넘겨주고'를 실천하시고 훌훌 바통을 다음 주자들에게 넘겨주신 김대평 목사님, 정말 멋지십니다. 성령님의 보호와 인도하심이 목사님의 남은 사역의 여정에 항상 함께 하시기를 기도드립니다.

김경무 장로(공인회계사)

오래 전부터 존경해오던 김대평 목사님께서 첫 번째 저서를 출간하시면서, 인격이나 신앙 그리고 사역의 면에서 그 그림자도 밟기 어려운 저에게 추천서를 부탁하셔서 한편으로는 영광스럽게 느끼지만 다른 한편으로는 송구스럽기 짝이 없습니다. 김 목사님은 북한 돕기에 조금이라도 관심이 있는 미주 한인 기독교인들 사이에는 대부 같으신 분으로 그 지혜와 판단력의 중후함이 널리 알려져 있는 분입니다. 저도 북한에 관해 판단이 서지 않을 때에는 늘 김 목사님께 여쭤보고 그 지혜에 기대어 왔음을 고백합니다.

김 목사님은 북한 황해도가 고향이며 한국에서는 사회학을 공부하셔서 세상에 대해 깊고 넓은 이해력을 갖고 계신 분으로 신학 공부 후에 나성한미교회에서 성공적인 목회를 하셨습니다. 목회를 하실 때부터 국제선교기관과 함께 북한 사역을 위해 많은 일을 하셨습니다. 60세에 담임목사직에서 은퇴하시고 북한 선교에 전력을 집중하시려 바위선교회를 세우시는 등 북한 동포들을 위해 다 열거하기도 힘들만큼 엄청난 일들을 행하신 분입니다.

무엇보다도 목사님은 북한 사역의 올바른 방향을 제시하신 분으로 많은 북한 사역자들에게 귀감이 되신 분입니다. 목사님이 제시하신 사역 방향은 '밀어주고, 끌어주고, 넘겨주자'는 것입니다. 북한의 형제들을 도와주는 데에 그치지 않고 그들을 위해 일한 열매들을 아낌없이 넘겨주자는 정신을 갖고 그리스도의 사랑의 본질을 실천하셨다고 말할 수 있습니다. 거기에 그치지 않으시고 상대방에게 당당히 져주는 것이 기독교 사역의 방향이 되어야 한다고 말씀하시니 북한 관원들과의 협력 사업이 얼마나 어려우셨을까 하는 생각에 안쓰러움을 느끼게 되며 두말하지 않고 져주는 것이야 말로 그리스도의 십자가 정신이라는 생각을 하게 됩니다. "북한 돕기는 북한 퍼주기"라는 비난이 나오고 심지어 "북한 동포가 왜 우리의 형제냐?"고 하는 섬뜩한 질문들이 횡행하는 이즈음 김 목사님이 제시하는 북한 사역의 방향 앞에서 우리는 옷깃을 여미게 됩니다. 부디 존경하는 목사님의 남은 생애도 하나님께 아름답게 바쳐지기를 기원하며 모든 분들이 이 책을 정독해 북한 이해의 교본으로 삼으시기를 바라며 강력히 추천합니다.

박문규 대표(LA 기독교윤리실천운동)

미국에서 북녘관련 사역을 하는 사람이라면 저자의 이름에 익숙하지 않을 수 없습니다. 저자에게 받았던 영향과 도움에 대해 제게 말해주는 사람들이 많았습니다. 이야기 속에서만 알던 저자를 직접 만난 후에 한 가지 의문이 생겼습니다. '도대체 저 연세에 어떻게 저렇게 열린 리더십을 가질 수 있을까?' 확실히 그랬습니다. 저자 옆에는 늘 새로운 사역자들이 있었고, 어려운 상황에 처한 사람들이 있었습니다. 저자에겐 그들을 다 품을 만큼 넉넉함이 보였습니다. 이 책을 읽으면서, 제가 김 목사님에 대해 느꼈던 것들이 설명이 되었습니다. 바위 사역의 세 가지 사역원칙인 '밀어주고, 끌어주고, 넘겨주고'는 바로 저자의 삶에서 나온 것이라는 것을 알게 되었습니다. 모든 익숙한 것들로부터의 단절에서 시작된 북녘사역이 새들이 깃들만한 큰 나무가 되었는데, 팔순이 되어 다시 단절하고 새로운 사역을 시작하는 저자의 삶은 제게 큰 도전이 됩니다. 북녘 사역의 A-Z를 배우고 싶은 분들, 그리고 꼭 북녘 사역이 아니더라도 기독교 사역에 참여하고 있는 모든 분들을 이 책에 펼쳐지는 김대평 목사님과 바위사역의 진실되고 선하고 아름다운 이야기 속으로 간절히 그리고 강력히 초대합니다.

허현 목사(Reconciliasian 대표)

김대평 목사님이 온 열정을 다 기울이신 북한 선교 사역이 한 권의 책이 되어 이 세상에서 빛을 발하게 되었습니다. 정말 감격스럽고 감사한 마음을 표현하기 힘들 정도입니다. 그동안 수고하신 김 목사님과 앞에서 끌어 주시고 뒤에서 밀어 주신 주님께 감사를 드립니다. "네 이웃을 네 몸과 같이 사랑하라"는 주님의 말씀을 가슴 깊이 간직하고 복음으로 대한민국의 통일을 꿈꾸고 계신 모든 분들이 반드시 읽어야 할 필독 서적으로 추천합니다.

이시언 교수(캘리포니아주립대 사회복지대학 학과장)

"하나님은 이루시고 우리는 꿈꾸며 기도하고"
바위선교회(VOWE #37) 20년을 뒤돌아보며

2004년 1월, 내 나이 60에 나성한미교회를 사임하고 북한선교의 길에 올랐다. 그리고 다시 20년이 지난 2024년 3월, 내 나이 80에 바위선교회(VOWE #37)를 떠나 또 다른 북한선교의 길에 올랐다. 돌아보면 지난 20년, '오직 하나님의 은혜로'란 말 밖에는 다른 그 어떤 말로도 표현할 수 없는 복된 길을 달려올 수 있도록 하나님께서 인도해주셨다. 그리고 하나님 은혜의 손길에 붙잡혀 달려온 지난 20년의 굽이굽이마다, 순간순간마다 하나님께서 맺어주신 복된 만남이 있었다. 그 복된 만남들을 기록으로 남겨 하나님께 영광 돌리고 우리 모두가 함께 기뻐하며, 격려하고, 축복하며 새 힘을 얻기 원한다. 사역의 특수성을 감안해 모든 이름은 가명을 썼다. 내 이름과 가족들의 이름만 실명이다. 정말 많은 복된 만남이 있었는데 사역에 직·

머리말

간접적으로 관계가 된 분들의 이름은 가명으로 기록했고 만남의 장소와 때도 어느 정도 모호하게 서술했다. 그리고 가명으로도 기록하기에 주저되는 분들은 언급을 아예 하지 않았다.

이제 내 나이 80에 다시 새로운 도전의 길에 오르니 두 가지 생각이 교차되며 마음을 사로잡는다. 느보산에 올라 멀리 가나안 땅을 바라보는 모세의 심정과 하나님의 지팡이를 손에 잡고 호렙산에서 내려와 애굽을 향하는 모세의 심정과 기도가 교차되고 있다. 이제 젊은 3명의 동역자들이 운영하는 3곳의 비영리단체와 연합하여 함께 기도하고 꿈꾸며 달리다 하나님께서 부르시면 감사하며 주님의 품에 안기게 되기를 기도한다.

'VOWE #37'은 'Vision Of the Word by Ezekiel #37'의 약자이다. 바위선교회는 에스겔서 37장에 나온 에스겔의 꿈과 비전을 따라 *북한의 복음화와 그 땅의 예배 회복, **그 땅의 자라나는 다음세대를 복음의 용사로 양육, ***주 안에서 남과 북이 복음으로 통일되기를 기도하며 힘쓰는 사역을 하는 선교회다. 또한 한국어로 불리는 발음 그대로 '바위' 같이 '묵묵히, 변함없이, 끝까지'를 사역의 자세로 삼고 있다.

제1장
바위선교회(VOWE #37)의 시작

제1장

바위선교회(VOWE #37)의 시작

1) 목사님, 자주 오세요!

2002년 3월, 나는 미국 오리건주에 있는 국제구호단체 머시코프(Mercy Corps)의 관계자로부터 "의약품을 북한에 전달해 줄 수 있겠느냐"는 전화를 받았다. 북한을 방문하는 수속은 그 쪽에서 해줄 테니 약품 운송비와 여행경비는 본인이 부담하라는 조건이었다. 평소 고향땅인 북한을 한번 방문하고 싶은 마음이 있었기에 곧 내가 섬기던 교회와 가능한 일인지를 의논해 보았다. 교회에서 운송비용을 부담해 주고, 여행비용은 개인 모금으로 충당해 2주간의 일정으로 북한 방문길에 올랐다. 미국에서 나를 포함한 4명의 목사님들과 중국에서 여러 수속과 북한 당국자들과의 연락과 안내를 담당하는 조선말에 능통한 중국인 2명, 도합 6명의 일행이었다.

2주간의 1차 방북 일정을 마치고 돌아온 지 6개월이 지난 그해 9월이었다. 내가 평소에 관계하던 선교단체의 젊은 선교사들 몇 명이 나를 찾아왔다. 북한을 방문할 길이 열려 미국과 중국에서 활동하는 젊은 선교사들 6명이 방북하기를 원하는데 내가 그들의 리더가 되어달라는 부탁을 하기 위해서였다. 이미 지난 3월에 방문했기에 "교회를 그렇게 자주 비울 수 없다"고 거절했지만 젊은 선교사들은 여러 이유들을 대며 끈질기게 부탁했다. 그래서 교회와 다시 의논했더니 그 젊은 선교사들이 우리 교회에 자주 와서 교우님들과 교제가 있었던 터라 "이번 방문이 마지막"이라는 단서와 함께 2차 방북을 하게 됐다. 우리 일행 7명과 1차 때 동행했던 2명의 중국인, 도합 9명이 2차 방북길에 오르게 되었다.

1차 방북 때는 모든 것이 낯설고 두려워 정신없이 안내원 뒤만 졸졸 따라다니다 왔다. 그러나 두 번째 방문길에 오르니 뭔가 눈에 들어오고 가슴으로 생각하게 하는 것들이 보였다. 그 안에 들어가면 거의 24시간 북한 안내원들과 함께 지내게 된다. 그런데 한 가지 특이한 점이 눈에 들어왔다. 점심식사와 저녁식사는 안내원들과 우리 일행이 함께 먹는데 아침식사는 안내원들은 다른 장소로 가서 자기네들끼리 먹곤 했다. 그래서 그들에게 물어보았다. "왜 우리와 같이 먹지 않고 따로들 먹으세요? 식사비용 때문입니까? 우리가 지불할 테니까 같이 먹어요." 우리는 계속 그렇게 말했고, 안내원들은 자기네들끼리 먹겠다는 말을 계속했다. 그러는 중에 어린 안내원이 내 귀에 대고 작은 말로 속삭였다. "목사님, 그런 걱정 마시고 자주 오세요. 목사님이 와 계시는 동안에는 우리는 먹는 걱정은 안 해요." 그 말을 듣고 나는 잠시 멍하니 서 있게 되었고, 그 후로 그 말은 계속해서 내 귀를 맴돌았다.

　집으로 돌아오는 비행기 안에서도 그 말은 더욱 강하게 내 가슴을 파고들었다. 그때 내 나이 58세. 15년 넘게 섬긴 교회는 모든 것이 안정되어서 나는 별 잡음 없이 돌아가는 교회 시스템 안에서 대접 받을 일만 남아있었다. 그런데 북녘땅에는 "목사님, 자주 오세요. 목사님 와 계시는 동안에는 우리는 먹는 걱정은 안 해요"라고 말하는 젊디젊은 어린 안내원이 있다. 그렇다면 '내가 어느 길을 택하는 것이 하나님을 기쁘시게 할까?'를 생각하지 않을 수 없었다.

그러면서 그 안에서 만난 몇몇 사람들의 모습도 떠올려보게 되었다. 지방의 콩우유공장을 방문했을 때였다. 한 어리고 귀여운 남자아이 하나가 영리하고 눈치 빠르게 심부름을 하고 있었다. 너무 귀여워서 머리를 쓰다듬어 주면서 "너, 몇 살이니?"라고 물어보았다. 그는 힐끔 나를 쳐다보며 "27살이에요"라고 대답했다. 충격적인 대답이었다. 하지만 그것이 그들이 살아가는 현실이었다.

한번은 만찬이 끝났는데 음식이 많이 남았다. 그래서 남은 음식을 싸달라고 했다. 숙소로 돌아오는 길에 운전기사에게 조심스럽게 물어보았다. "이거 깨끗하게 먹은 음식인데 집에 가져가시겠어요?" 그는 두말없이 받았다. 숙소에 도착해서 힐끗 뒤돌아보니 그는 정신없이 그 음식을 먹고 있었다.

원산 방문길에 높은 고개 위 휴게소에서 준비한 점심을 먹었다. 식사 후, 한참 가다가 우리 일행 중 한명이 무엇을 그 휴게소에 두고 온 것이 생각나 되돌아가게 되었다. 거기에는 정말 가슴을 미어지게 하는 풍경이 벌어지고 있었다. 우리가 먹고 쓰레기통에 버린 음식찌꺼기를 먹으려고 새까맣게 사람들이 모여 있었다. 그분들이 나에게 손짓하고 있었다. "목사님, 자주 오세요"라고.

비행기 안에서 이것을 붙들고 많이 기도하며 몸부림쳤다.

LA공항에 내릴 때엔 내 마음을 정할 수 있었다. 내가 할 수 있는 일은 아무 것도 없었다. 그러나 "목사님, 자주 오세요"라고 손짓하는 그분들은 거기에 존재했고, 나에게는 그분들을 방문할 수 있는 길이 있었다. 아내의 동의를 얻은 후, 나는 섬기는 교회의 당회에 사표를 제출했다. 65세 은퇴이후에 시작하는 것이 좋지 않겠냐는 의견이 많았지만 나는 "은퇴한 후에 시작하는 것보다는 이 일을 위해 사랑하는 교회를 떠나는 결단이 더 중요하다"고 다짐하며 후임목사를 찾는 작업을 시작했다. 후임목사가 정해진 후, 나는 6개월간의 안식년을 가지며 새로운 사역을 준비했다. 그리고 2004년 1월 4일(주일), 이취임예배를 드린 후 바위선교회(VOWE #37) 사역의 길에 올랐다.

2) 하나님은 이루시고, 우리는 꿈꾸며 기도하고

이취임예배를 드리고 2주 후에 나는 중국으로 떠났다. 그때 내 마음 자세는 마치 "건너와 우리를 도우라"는 마게도냐 사람의 환상을 보고 출발하는 사도 바울이라도 된듯이 들떠 있었다. 그러나 베이징에 도착해 보니 하나님께서는 전혀 다른 길을 예비해놓고 계셨음을 발견했다. 나름대로 철저히 준비했다고 생각했는데 모든 일이 엉뚱한 방향으로 흘러가고 있었다. 공항에 마중나오기로 한 사람들은 한 명도 공항에 나오지 않았고, 함께 일하자고 약속했던 사람들도 연락이 안 되어 나를 당황케 했다. 내가 교회 담임목사로 있을 때는 중국이나 그 외의 여러 곳을 방문하면 늘 주위에 사람들이 모여들었었는데 이번에는 정말 아무도 없었다. 그리고 가끔 찾아오는 사람들은 교회에서 받은 퇴직금을 투자하라는 사람들 뿐이었다. 1차, 2차 방북길에 동행해 주고 방북수속을 담당해 주었던 중국인은 우리가 거래하던 북한 안의 관계자들이 다 바뀌어서 새 사람들과 거래하기 위해서 필요하다고 큰 금액을 요구했고 거기에 덧붙여 수고비까지 큰 액수를 요구했다. 그래서 내가 직접 북한대사관을 찾아가 입국비자를 신청해 보니 계속 기다리라는 대답만 돌아왔다. 대사관 대기실 바닥에 주저앉아 발버둥치며 엉엉 울고 싶은 심정이었다. 결국 베이징에서 별다른 소득 없이 귀국 비행기에 올라야 했다. 낭패감과 무력감이 마음 가득 올라왔다.

집으로 돌아오는 미국행 비행기 좌석에서 계속 눈물이 흘러내렸다. 정말 황당한 마음이었고, 부끄럽기도 했고, 화도 났다. 한참 흐느끼며 울고 있는데 승무원이 나를 불러냈다. 그리고 나를 2층 비지니스석으로 옮겨주었다. '이건 또 뭐야?'라는 생각과 함께 '속상할 때는 실컷 우는 것도 해볼 만한 일이로구나'하는 마음도 들었다. "하나님, 좀 더 가까이서 내 우는 모습 보고 싶으세요? 내 우는 소리 좀 더 분명히 듣고 싶으세요?" 그렇게 중얼대는 내 마음 속에 하나님의 음성이 들려왔다.

"그래, 앞으로 울고 부르짖으며 기도할 일이 계속될 텐데, 그때마다 내가 네 기도 들어줄게. 앞으로 네가 할 일은 기도뿐이란다."

그 음성을 들으며 '그래, 한번 해보자. 일이 안 풀릴 땐 울면 된다고 말씀하시니 울고 또 울며 끝까지 이 길을 달려가 보자'라고 다짐하다보니 깊은 잠에 떨어졌다. 그리고 이건 여담이지만 그 후 방북길에 오를 때마다 기도모임들과 함께 기도하며 "비행기가 높이 떴을 때 기도하면 하나님께서 더 빨리 응답해 주시니 기도제목들을 내놓으라"고 말하며 서로의 기도제목을 나누곤 했다.

집에 돌아온 그 다음 날, 매튜와 사라에게 전화를 걸었다. 매튜는 나와 동갑으로 내 친구 목사님이 섬기는 교회의 집사님이었다. 1차 방북을 앞두고 LA 총영사관에 신고하러 갔을 때 담당 영사가 소개시켜준 분이었다. 북한에 여러 번 갔다 왔고,

북한 관련 사역에 경험이 많으니 만나보면 큰 도움이 될 거라는 이야기였다. 그때 만나 전화번호를 나누고는 더 이상의 연락은 없었는데 그날 전화를 드리니 급한 목소리로 "지금 곧 만나자"고 했다. 무슨 일인가 했더니 매튜는 그날 담당 의사로부터 간암 말기로 살날이 얼마 남지 않았다는 통보를 받았다고 했다. 그는 대뜸 "지금까지 진행된 북한 사역을 넘겨줄 테니 받아서 계속해 달라"고 말했다. 그래서 나는 사람의 생명은 하나님의 손에 있으니 하나님께 다 맡기고 나와 함께 빌립보서 성경공부를 하자고 말했다. 마침 교회도 떠났고 당장 할 일도 없으니 계속 말씀공부와 기도하기를 힘쓰자고 했다. 이후 그와 거의 매일 만나면서 북한 사역에 대한 새로운 문이 열렸다.

첫째, 미주 교포가 북한 안에서 누리는 특별한 지위를 알게 되었다. 그는 미주 교포가 미국에서 북한 입국 비자를 신청하는 방법과 연락처를 알려주었다. 그리고 나중에 함께 북한에 들어가 여러 사람들을 만나도록 주선해 주었다. 특별히 그의 전담 안내원을 연결시켜줘서 지난 20년간 같은 안내원과 지낼 수 있었다. 둘째, 한국과 일본, 기타 여러 지역에서 북한 사역을 하는 분들을 만나 교제할 수 있게 함으로써 북한 사역에 대한 나의 시야를 넓게 해주었다. 셋째, 베이징에 나와 있는 외화벌이 일꾼들을 돌보는 사역에 나를 연결시켜 주었다. 나는 실제 그들을 만나고, 교제하며, 돌보는 일을 진행할 수 있게 되었다. 이렇듯 하나님은 기도 없이, 준비 없이 뛰어든 나를 불쌍히 여기서 끊을 것은 끊어주시고, 맺을 것은 맺어주시면서 선한 길로 인도해주셨다.

매튜가 연결시켜준 베이징의 북한 외화벌이 일꾼들을 돌보는 사역에서 박 부장을 만나도록 하나님께서 인도해주셨다. 박 부장은 그 사역에서 중국말과 조선말을 통역하는 조선족 총각이었다. 그 지역의 신학교를 마쳤고, 평신도 지도자로 성실하게 지역교회를 섬기고 있었다. 중국 여러 도시에서 여러 가지 직업에 종사하면서 많은 경험을 쌓은 준비된 일꾼이었다. 나는 그에게 '중국 바위'(China Vowe)의 책임자로 일해 줄 것을 부탁했고, 그는 기쁨으로 그 일을 맡아 지난 20년의 시간을 동행해줬다. 하나님께서 박 부장을 축복하셔서 아름다운 가정을 이루게 하셨다. 그의 부인은 여러 사업을 시작하고 운영하는데 뛰어난 재능을 가지고 있어서 우리 사역에 엄청난 도움을 주고 있다. 박 부장은 북한의 고아원 사역 전문가가 되었다. 코로나 팬데믹으로 인해 모든 것이 막혀있던 상황에서도 자기 주변에 있는 북한 외화벌이 일꾼들을 돌보는 일을 성실하게 감당해왔다. 박 부장과의 만남은 하나님께서 주신 꿈을 따라 순종하고 기도하며 달려가면 하나님께서 길을 열어주시고, 예비하신 종들을 만나게 해주시며, 일을 이뤄 열매를 거두게 하심을 보여주는 살아 있는 간증이다.

하나님은 또한 박 부장의 소개로 최 대장을 만나도록 인도해 주셨다. 최 대장은 나와 동갑인 조선족 여자로 그 지역에서 소위 '말빨'도 세고 영향력도 제법 커서 '대장'이라는 별명으로 불렀다. 우리 기도모임 중에 북한 안에 가족이 있는 분들은 그들에게 돈이나 물품을 전해달라는 부탁을 나에게 하곤 했다. 여러 방면으로 알아보았지만 별다른 길이 없었는데 최 대장이 선뜻 나서서 직접 북한에 들어가 깔끔하게 일을 처리해 주었다. 어느 추운 겨울날, 최 대장이 북한에 들어갔다 나오는 길에 빙판에서 넘어져 허리를 크게 다쳤다. 자리에 누워 꼼짝 못하는 최 대장을 찾아가서 내가 할 수 있는 일은 기도뿐이었다. 정말 울면서 간절히 기도했다. 그리고 미국으로 돌아왔다. 얼마 후, 같이 섬기는 젊은 목사님이 중국의 그 지역을 방문한다기에 최 대장을 찾아가 위로금을 전달해 달라고 부탁했다. 며칠 후, 최 대장에게서 전화가 왔다. 그는 큰 소리로 울며 "목사님, 하나님은 살아 계십니다. 기도를 들어주십니다"를 반복했다. 사연을 들어보니 이랬다. 그에게 여동생이 하나 있는데 며칠 전 위암 말기 판정을 받았다. 그 소식을 들은 최 대장은 동생을 찾아가 대뜸 동생의 몸에 손을 얹고 기도를 했다고 한다. "하나님, 내 동생 살려주세요. 하나님, 돈 좀 주세요. 내 동생 수술이라도 한 번 받게 해주세요." 계속 이렇게 기도하는데 속으로 이상한 생각이 들더란다. '내가 언제 하나님을 봤다고, 또 무슨 염치로 돈을 달라고 하나.' 그런데 며칠 후, 젊은 목사 한 분이 찾아왔고 봉투를 줘서 열어보니 수술비용보다 더 많은 액수가 들어있었다. 수술을 받은 최 대장 동생은 자칭 '바위교회 전도사'가 되어 그 지역에서 맹활약을 했다.

　최 대장은 계속 필요한 일들을 처리해 주며 타향에서 그 지역으로 온 우리 젊은 동역자들의 이모, 고모의 역할을 해주고 있다. 최 대장의 집은 우리 방북팀이 출발할 때 함께 모여 기도하는 장소였고, 방북을 마치고 흩어질 때 모여 기도하며 정리하는 축복의 장소였다. 최 대장 남편은 우리가 모여 함께 식사할 때 기도하자는 말을 "자, 하나님께 인사합시다"라며 우리를 웃기곤 했다. 최 대장 부부 모두 믿음을 고백하고 세례를 받았다. 남편은 팬데믹 전에 하나님의 부르심을 받았고, 최 대장은 현재 그 지역의 양로원에 머물고 있다. 이들과 함께한 장면 하나하나가 "하나님은 이루시고, 우리는 꿈꾸며 기도하고"의 라이브 중계와도 같다.

3) 에스겔의 비전을 따라 시작된 바위선교회(VOWE #37)

그동안 사역 가운데 나를 만난 사람들은 '바위선교회'가 어떤 곳인지를 자주 물었다. 특히 '바위'의 뜻이 무엇인지 궁금해했다. 번호를 매겨 일목요연하게 바위선교회를 소개하고자 한다.

1. 'VOWE #37'은 'Vision Of the Word by Ezekiel #37'의 약자이다. 에스겔서 37장에 나온 에스겔의 꿈과 비전을 따라 *북한의 복음화와 그 땅의 예배 회복, **그 땅의 자라나는 다음세대를 복음의 용사로 양육, ***주 안에서 남과 북이 복음으로 통일되기를 기도하며 힘쓰는 사역을 하는 선교회다. 또한 한국어로 불리는 발음 그대로 '바위'같이 '묵묵히, 변함없이, 끝까지'를 사역의 자세로 삼고 있다.

2. 바위선교회의 시작: 2004년 4월, 501(C) 비영리단체 등록을 마쳤다. '밀어주고, 끌어주고, 넘겨주고'를 3대 사역 원리로 삼아 함께 손잡고 협력하여 사역을 진행하고 있다.

3. 사역의 표어: '하나님은 이루시고, 우리는 꿈꾸며 기도하고'를

표어로 모든 일을 기도로 시작하고, 기도로 끝내기 위해 힘쓰고 있다.

4. 세 가지 중점사역: *라진 선봉지역을 중심으로 유치원/탁아소 어린이들을 먹이고 돌보며, 그 지역의 환자들을 돌보는 급식/진료사역을 진행하고 있다. **평성, 원산, 황주, 희천 중등고아원과 기타 몇 지역의 일반 중학교 학생들에게 직업훈련을 시키는 사역을 진행하고 있다. ***함께 사역하는 2세 동역자 30여 가정을 재정적으로 지원하고 기도하며 교제하고 격려하는 사역을 진행하고 있다.

5. 통일의 날을 준비하며 오늘을 살아가는 'Here&Now Ministry': *주 안에서 남과 북이 복음으로 통일되는 그날을 바라보며 그때 우리가 전 세계의 갈등하고 상처받은 이웃들에게 치유자, 회복시키는 자의 역할을 감당하기 위해 준비하며 오늘을 살아가는 '치유하는 자와 세워주는 자들의 클럽'

(Repairer & Restorer's Club),

**통일의 그날, 한 조각 빵과 자유를 위해 목숨을 걸던 압록강과 두만강변을 따라 준비된 회원들이 사업체를 열어 배고프고 지친 온 세계 이웃들에게 생활의 터전을 열어주고, 복음을 전

하여 새 생명을 얻게 하는 '꿈과 소망의 전달자들의 클럽'
(200 Businessmen's Club),

***통일의 그날, 양육된 복음의 용사들이 실크로드(Silkroad)를 복음을 외치며 달림으로써 그 지역을 복음화 시켜 사람들이 실크로드를 가스펠 로드(Gospel Road)라고 부르는 날을 하나님께서 허락해 주시기를 기도하며 준비하는 '기쁜 소식을 외치는 자들의 클럽'(Gospel Runner's Club)이 준비되고 있다.

6. 정기적인 모임들:

a. 매달 각 지역에서 기도모임이 정기적으로 열리고 있다. 특별히 홀수 달 두 번째 토요일에 모이는 연합기도모임은 '정기이사회'를 겸하고 있다.
b. 방북길에 오르기 전 4주간의 주일 저녁에는 방북 팀 전원과 관계된 분들이 모여 함께 기도하며 방북 일정을 준비한다.
c. 매년 7월 4일, 미국 독립기념일에 'Hollywood Bowl Picnic'으로 모인다. 이 모임은 새로 들어 온 기도모임들을 환영하고, 싱글 회원들 간의 아름다운 만남의 기회를 마련해 주고, LA 지역 방문 중에 있는 선교사 가족을 초청하여 서로 나누고, 교제하고, 격려하는 한여름의 축제다. 팬데믹으로 중단된 이후 아직 모이지 못하고 있다.

d. 격년으로 10월 첫째 토요일에 '바위선교보고대회'로 모인다. 여러 지역에 흩어져 지내던 기도모임들과 사역자들이 함께 모여 지난 2년을 돌아보고, 새로운 날들을 바라보며 감사하고, 찬송하고, 함께 꿈꾸고, 기도하며, 자신을 하나님께 새롭게 헌신하는 복된 예배의 자리다. 2021년 10월 2일(토요일)에는 글로벌선교교회에서 제9회 선교보고대회를 가졌다.

7. **편지사역:**

a. 매달 말에 헌금영수증을 발행하여 발송하고, 분기별로 1년에 4번 재정보고서를 발행하여 이사님들께 발송하며, 매년 1월 말에 지난해 1년 재정보고서를 발행하여 발송하고, 세금보고를 위한 'Total Contribution Report'를 발행하여 발송한다.

b. 매 홀수 달에 '바위소식'(VOWE News)을 발행하여 회원들과 관심 있는 분들께 발송한다.

c. 매달 말에 기도모임보고서를 발행하여 헌금영수증과 함께 발송한다.

d. 매년 1월 초, 그해의 바위 사역 행사계획표(Vowe Calendar)를 발행하여 발송한다.

e. 매 2년 바위선교보고대회 보고서를 발행하여 발송한다.

f. 홈페이지(Vowe37.org)를 통해 바위 사역의 전반적인 정보와 소식을 나눈다.
g. 각 기도모임 회원들을 중심으로 카톡방을 열어 수시로 기도 제목과 소식을 나누고 있다.

8. 조직과 운영:

a. 바위선교회 사무실은 홈 디렉터의 집 주차장을 개조해 사용하고 있다. 기도모임이나 기타 모임은 기도회원들의 집에서 모이는 것을 원칙으로 하여 건물의 구매나 임대 등으로 발생하는 비용을 줄여 사역에 집중하고 있다.
b. 선교회 운영은 모두 자원 봉사자들에 의해 진행되고 있으며 선교사를 직접 파송하는 대신 다른 기관에서 파송된 선교사들을 지원·협력하며 섬기고 있다.
c. 회원의 기본적인 단위는 '하나 셋'회원이다. 하나 셋 회원은 *하루에 한 번 북한선교를 위해 기도하고, **하루에 한 번 북한선교에 대해 이웃들과 나누며, ***하루에 1달러를 저금하여 한 달에 30달러를 헌금하는 회원이다. 하나님께서 기뻐하셔서 지금까지 계속해서 회원들의 숫자를 증가시켜 주셨다. 하나 셋 회원들은 바위선교회를 꾸준히, 느리지만 알차게 사역을 진행하도록 밀어주고 있다. 바위 사역의 특수성

때문에 공개적인 모금활동을 자제하고 있고, 광고 등을 통해 외부에 사역과 활동의 내용을 알리는 일이 쉽지 않은 우리에게 하나 셋 회원들은 하나님께서 보내주신 특별한 선물이다.

4) 밀어주고, 끌어주고, 넘겨주고

하나님께서는 북한에 들어가는 길을 막아주시고, 내가 의지하는 사람들과의 관계를 끊어주심으로 바위 사역을 시작하게 해주셨다. 모든 것이 끊기고 막혔으니 기도하고 또 기도하며 시작할 수밖에 없었다. 생각해보니 참 많이 만나고 찾아다녔다. 북한선교를 한다는 사람과 단체가 있는 곳은 어디든지 물불 가리지 않고 찾아갔다. 하나님께서 이 발걸음을 기뻐하셔서 귀한 분들을 많이 만나게 해주시고 연결시켜 주시며 새롭게 출발할 수 있도록 축복해주셨다. 정말 많은 분들이 앞서 가며 귀하게 사역을 진행하고 있었다. 그분들과의 만남을 계속하며 멋모르고 준비 없이 이 사역에 뛰어든 내 자신을 발견하고 한심하다는 생각이 들었고, 그런 나를 불쌍히 여기시고 바른길로 인도해 주시는 하나님께 감사의 기도를 드렸다. 그리고 그 기도 중에 바위 사역의 3가지 사역 원칙을 세울 수 있도록 인도해주셨다.

하나님께서는 나에게 '밀어주고, 끌어주고, 넘겨주고'의 3가지 사역의 원칙을 세울 수 있도록 인도해주셨다.

1. '밀어주고'의 원칙

우리가 하기 원하는 사역을 앞서 가며 진행하는 동역자가 있으면 그분이 더 빨리 힘 있게 갈 수 있도록 밀어주자. 우리가 또 하나의 같은 사역을 시작하여 경쟁하기 보다는 손잡고 연합하여 함께 가자.

2. '끌어주고'의 원칙

혹시 우리보다 뒤에 오는 동역자가 도움을 요청하면 손잡아주며 끌어주자. 외롭게 홀로 몸부림치던 우리의 시작을 생각하며 힘써 끌어주며 동행하자.

3. '넘겨주고'의 원칙

밀어주고, 끌어주며 동행하다가 독립하여 홀로서기를 원하는 동역자가 있으면 미련 없이 넘겨주고 우리는 새로운 사역을 시작하자. 하나님께서 이 3가지 사역의 원칙을 기뻐하셔서 정말 많은 동역자들과 손잡고 동행할 수 있게 해주셨고, 혼자 힘으로는 꿈도 꿀 수 없는 엄청난 크기와 넓이의 사역 현장을 밟게 해주셨다.

하나님께서는 '밀어주고, 끌어주고, 넘겨주고'의 원칙을 통해 너무도 많은 사람들과 복된 관계를 맺도록 인도해주셨다. 북한 안에서 많은 친구들을 만나 함께 일하게 해주셨다. 많은 젊고 열정적인 동역자들을 만나게 해주시고 함께 일할 수 있도록 인도해주셨다. 함께 기도하며 섬기는 넓고 복된 가슴을 가진 기도의 용사들을 모아주셔서 함께 기도하고 섬기며 동행할 수 있도록 축복해주셨다. 특별히 젊고, 순수하고, 꿈에 가득찬 목사님들을 모아주셔서 함께 기도하고, 마음과 뜻을 모으게 하셔서 내 나이 80에 이를 때 기쁨으로 모든 사역을 넘겨주고 또 다른 시작을 할 수 있도록 역사해주셨다.

2023년 1월, 네 분의 젊은 목사님들께 사역을 넘겨주고 1년간 함께 동사(同使)하는 준비 기간을 보냈다. 2024년 3월, 넘겨준 자의 마지막 책임인 사역의 현장을 확실하게 떠나는 작업을 마쳤다. 사역 현장을 완전히 떠나기 위해서 나름대로 나만의 사역을 새로 시작했다. 나이 80에 새로운 사역을 시작하니 느보산에 올라 멀리 가나안 땅을 바라보는 모세의 절박한 심정도 들고, 하나님의 지팡이를 손에 잡고 호렙산을 내려와 멀리 애굽을 바라보며 길을 떠나는 모세의 긴장감도 가슴에 가득 차올랐다. 하나님께서 내 손에 쥐어주신 하나님의 지팡이는 '밀어주고, 끌어주고, 넘겨주고'의 사역 원칙이다. 이 지팡이를 손에 쥐고 다음의 3가지 사역을 진행하고 있다.

1. 교회방문사역

새로 시작하는 교회들, 약한 교회들을 방문하여 함께 예배드리고 위해서 기도하는 사역이다. 바라는 것도 없고, 줄 수 있는 것도 없는 나에게는 이번 주일예배가 내 생의 마지막 예배일 수도 있다는 간절한 마음으로 예배에 참석하여 자리를 채우고 있다. 멀고 낯선 길을 운전해 무사히 도착하여 예배드릴 수 있음을 감사하며 하나님 앞에 서는 기쁨이 있다. 그러면서 그 교회를 섬기는 어린 목사님을 바라보면 하나님께서 주시는 기도제목이 있다. 그 기도제목 붙잡고 간절히, 구체적으로 기도하는 사역이다.

2. 실크로드를 달리는 사역

주 안에서 남과 북이 복음으로 통일되는 날, 준비된 복음의 용사들과 함께 실크로드를 달리는 꿈을 꾸어왔다. 그런데 그

날을 기다리지 말고 지금 시작하라고 하나님께서 말씀해 주신다. 요즘 갑자기 연해주 일대에서 사역하는 동역자들을 계속 만나게 해주시면서 빨리 오라고 손짓해 주신다. 살펴보면 연해주를 건너 곳곳에서 섬기는 동역자들이 "뭐하고 있냐"고 소리치고 있다. 멀리 예루살렘에서도 빨리 오라고 손짓하고 있다. 이제 곧 떠나는 일만 남았다.

3. 20년의 바위 사역에 함께 하신 하나님의 은혜를 기록으로 남기는 사역

'오직 하나님의 은혜로'야말로 바위 사역 20년의 역사를 말해주는 문장이다. 이 은혜의 역사를 기록으로 남기고 싶다. 은혜의 기록을 함께 나누고, 감사하려 한다. 서로 격려하고, 축복하며, '밀어주고 끌어주고 넘겨주고'를 계속할 수 있기를 기도한다.

5) 당 신 멋 져!

북한을 방문하여 그 안에서 사역을 진행하기 위해 필수적으로 감당해야 할 일 중의 하나가 그들과 함께 회식하며 교제하는 일이다. 그리고 그 회식 중에 거치는 일 중의 하나가 건배하며 구호를 외치는 것이다. 먼저 그들이 "~ 위하여"라며 외치고 나면 다음은 우리가 구호를 외쳐야 한다. 처음에 어떤 구호를 외쳐야 할지 많이 고민하며 기도했다. 그때, 마침 한국에서 친구들과 회식할 때 많이 외쳤던 '당신멋져'란 구호가 생각났다. 바로 "당당하게, 신나게, 멋지게, 져주자"라는 내용을 압축한 것이었다. 참 좋은 구호라서 북한 사역을 하는 동안에 회식 자리마다 외쳤다.

문제는 '이기는 일'과 '성취하는 일'에 익숙한 우리 젊은 동역자들에게서 나왔다. 그들은 이렇게 물었다. "목사님, 당당하게, 신나게, 멋지게까지는 좋은데 왜 우리가 져줘야 하나요?" 그 질문을 받고 나는 많이 생각하며 기도하게 되었다. 그리고 이렇게 대답했다.

"예수님을 바라보자. 전능하신 예수님, 천지만물을 지으시고 다스리시는 크신 능력의 예수님께서 약하고 죄 많은 인간들을 사랑하셔서 져주시고 십자가에 달리셨다. 십자가에서 죽으신 예수님을 하나님께서 부활의 능력으로 살리시고 하나님 보좌 우편에 앉히셨다. 힘이 없어서 지는 것은 패배다. 그러나 강한 자가 사랑으로 멋지게 져주는 것은 하나님께서 주시는 영광의 승리를 당당하게, 신나게 얻는 길이다. 힘은 있을 때 지혜롭게 잘 써야 된다. 줄 때 잘 주는 것은 하나님을 기쁘시게 하는 일이다. 베풀 때 겸손히 베푸는 것은 성령충만한 자의 인격이다. 이길 수 있을 때 당당하게, 신나게, 멋지게 져주는 것은 우리 주님 예수님을 전하고 증거하는 가장 확실한 방법이다."

북한을 방문하면 우선 여권을 안내원에게 맡겨야 한다. 그리고 출국할 때 여권과 함께 안내원이 작성한 출국서류들을 돌려받게 된다. 사역 초기의 일이었다. 안내원이 작성한 출국 보고서를 보니 내 직업란에 '부양'이라고 적혀 있었다. 무슨 뜻인가 해서 안내원에게 물어보니 그는 나를 바라보며 말했다. "목사님, 부양가족 아니세요? 정부보조금 받아서 살아가는…" 그 대답을 들으니 맥이 쭉 빠졌다. 뭔가 있는 듯이, 뭔가 줄 것이 있는 것처럼 잔뜩 어깨에 힘을 주고 있었는데 이 친구들은 나의 살아가는 살림형편을 다 알고 있었다. 왠지 당황스러웠지만 다시 생각해보니 '잘됐다'는 생각이 들어 마음이 편해졌다. 그들은 나를 교회를 떠났고, 별 볼일 없이 젊은 사역자들을 따라서 북한을 오고가는 나이든 목사로 알고 있었다. 다시 생각해보니 그래서인지 그들은 무슨 새로운 일거리가 생기면 다른 젊은 사역자들에게 알리고, 그들과만 의논하고 나는 제외시켰다. 그래서 나는 언제나 뒤에 남아 있어야 했었다. 소위

'큰 자'들이 뭔가 '큰 일'들을 의논할 때 나는 뒤에 남아 있는 그들 중의 작은 자들과 어울려야 했다.

그러나 뒤편 그 작은 자리는 하나님께서 내게 허락해 주신 은혜의 자리였다. 나는 그 작은 자들과 어울리며 그들의 이름, 가족사항 등을 물어보아 기억하고, 위해서 기도하기 시작했다. 그리고 회의에 참석하고 나온 젊은 사역자들에게서 새로 시작하는 사역의 필요한 내용들을 듣고 내가 돕고 밀어줄 수 있는 부분들은 모금을 해서 밀어줬다. 그 결과, 나의 기도제목은 늘어났고, 사역의 터전은 점점 넓어졌다.

나는 사역을 위해 북한에 들어가면 다음 3가지 사항을 늘 기억하고 지키기를 기도하며 힘썼다.

1)나는 하나님께서 기름부어 쓰시는 하나님의 교회의 목사다. 2)바위선교회는 이익을 추구하는 이익집단이 아니고 순수한 선교단체다. 3)나는 미국여권을 가지고 북한에 들어온 미국시민이다.

이 3가지를 기억하면 그 안에서 우리가 할 수 있는 사역의 종류가 결정된다. 그 사역을 진행하는 방법도 이미 결정되어 있다. 그 결과로 그 안에서 우리가 거래하고 교제할 수 있는 기관들이 정해진다. 그리고 말썽 많고 골치아픈 안내원들과의 관계도 해결되어 지난 20년간 한 명의 안내원과 함께 지낼 수 있었다. 또 'Yes'와 'No'의 대답을 분명하고 확실하게 할 수 있었고, 약속한 것은 분명히 지키기 위해 기도하며 힘쓸 수 있었다. 미국시민 방북금지령이 내렸을 때도 머뭇거리지 않고 금지령을 지키기 위해 힘썼다. 미 국무부를 통해 특별여권을 받아 북한에 들어갈 수 있었지만 신청하지 않았다. 어차피 진행되는 사역들 모두가 하나님의 일이니 우리가 현장에 가보지 않아도 하나님께서 선하신 손길로 처리해 주실 것을 믿는 믿음이 있었다. 신실하신 하나님은 우리가 현장에 가보는 것 보다 더 선하고 풍성한 열매를 허락해주셨다.

"사람아 주께서 선한 것이 무엇임을 네게 보이셨나니 여호와께서 네게 구하시는 것은 오직 정의를 행하며 인자를 사랑하며 겸손하게 네 하나님과 함께 행하는 것이 아니냐"(미가 6:8)

'당 신 멋 져'
당당하게, 신나게, 멋지게, 져주자!

제2장
급식/진료사역 보고

제2장

급식/진료사역 보고

1) 사역의 시작

라진 선봉지역을 중심으로 하는 급식/진료사역은 Y목사님을 만남으로 시작되었다. 북한에 들어가는 길은 막혀있고, 함께 일하려고 준비했던 사람들과의 관계는 다 끊어진 내가 할 수 있는 일은 찾아가고 만나는 일이었다. 그때, 어떤 북한선교세미나에서 Y목사님을 만나게 되었다. 그분은 그 세미나에 강사로 오셔서 라진 선봉지역에서 진행하고 있는 사역을 발표했는데 정말 감동 그 자체였다. 세미나가 끝난 후 Y목사님께 "나도 그 사역의 현장을 방문할 수 있냐?"고 물었더니 흔쾌히 허락해주셨다. 필요한 수속을 끝내고 Y목사님 일행과 함께 사역 현장에 서게 되었다. Y목사님은 참 많은 사역을 진행하고 계셨다.

  Y목사님을 통해 각처로부터 와 그 지역에서 사역하고 계시는 많은 동역자들을 만날 수 있었고, 그분들의 사역 현장을 방문할 수 있었다. 그리고 그 방문길에서 가장 감동을 받은 것은 주일날이면 아침에 어떤 병원 3층에 마련된 장소에 교회 간판을 걸고, 그 지역의 거의 모든 동역자들이 함께 모여 예배를 드리는 장면이었다. 예배의 시종(始終)이 모인 모든 분들의 눈물의 기도와 통곡의 울음소리로 가득 차 있었다. 그리고 예배 중의 헌금은 동역자들의 합의로 가장 필요한 곳에 쓰였다. 예배 후에는 애찬의 교제가 있었는데, 그 자리에는 때때로 북한 안내원도 참석했다. 그러나 얼마 후, Y목사님이 북한 정부와 문제로 사역을 중단하게 되면서 이 예배는 더 이상 지속될 수 없게 되었다.

2) 사역의 확장

  Y목사님을 따라 사역 현장을 방문하며 제일 내 마음이 끌렸

던 사역은 유치원/탁아소의 건물을 지어줘 아이들을 먹이는 일과 병원/진료소 건물을 지어줘 환자들을 치료하고 먹이는 일이었다. 그래서 나는 제일 먼저 어떤 목사님께서 시작한 유치원 건축을 지원해주는 일을 시작했다. 하나님께서 그 일을 기뻐하셔서 유치원 건물 짓는 비용의 80% 정도를 감당할 수 있도록 채워주셨다. 그러자 북한 정부 관계자로부터 백학동에 유치원 건물을 지어주고 아이들에게 점심급식을 해 줄 수 있겠느냐는 제안을 받았다. 두렵고 걱정되는 일이 많아서 선뜻 대답하지 못하고 망설이게 되었다.

그때 하나님은 S를 만나 담대하게 그 일을 시작할 수 있게 해주셨다. S는 미국에서 온 젊은 의사로 온 가족이 북한 안에 거주하며 Y목사님과 함께 사역하고 있었다. 그러다 Y목사님이 북한 사역을 더 이상 진행할 수 없게 되어 새로운 사역을 찾고 있었다. S가 말했다. "건물을 짓고 급식하는 과정의 모든 일은 북한 안에 거주하는 제가 책임 있게 진행할 테니 목사님은 지난 번 유치원 건물 지을 때와 같이 필요한 지원을 계속 해주세요." 그래서 힘을 얻고 북한 정부 관계자와 S와 나, 3인이 함께 모여 각자 맡을 역할을 합의하고 백학유치원 건물 건축을 시작했다. 하나님께서 이 만남을 기뻐하시고 축복하셔서 처음 사역을 은혜롭게 끝내고 다음 사역으로 계속 이어지게 해주셨다. S는 하나님께서 특별히 사랑하시고 기뻐하시는 복된 하나님의 사람이었다. S는 꿈 많고, 열정적이고, 선한 양심을 가진 분으로 사람들을 주위에 불러 모으는 특별한 힘이 있었다. 참 많은 젊은 일꾼들이 그의 사역에 모여들었다. 그들과 함께 많은 유치원/탁아소와 병원/진료소 건물을 건축하며 급식/진료 사역을 성장시켰다. 팬데믹 사태 전까지 약 1200명의 아이들과 300명의 선생님들을 다음과 같이 섬겼다.

**급식 사역:(선생님) 매달 쌀 14kg, 콩기름 5리터, 1년 12개월, (어린이) 매일 쌀 100g, 콩기름 5g, 기타 부식비, 매달 25일, 1년 10개월.

**병원/진료소 사역:그 지역에 5개의 병원건물을 지어 입원환자들을 위해 쌀을 공급하고, 미국교포 2세들이 세운 제약회사를 통해 매달 환자들이 필요한 기본약품을 공급.

**월동준비 사역:유치원/탁아소, 병원/진료소에 김장준비, 석탄, 장작, 겨울용 어린이 신발(Boots), 방한복 지원.

3) 사역의 안정과 다음 단계를 위한 도약

다음 단계 사역으로의 도약을 위해 하나님께서는 P를 만나게 해주셨다. P는 미국에서 온 젊은 목사님으로 부부가 함께 품고, 섬기고, 돌보는 일에 특별한 은사를 지닌 하나님의 귀한 종이었다. 특별히 다른 기관이나 단체와 연합하여 사역을 계획하고 추진하여 선한 열매를 많이 맺고 있는 귀한 분이었다. S와 연합하여 여러 사역을 추진했고, 라진 선봉을 넘어 평양으로 사역을 확장시켜 나갔다. 중국에 카페를 차려 그 지역의 동역자들과 오고 가는 많은 분들에게 모임과 만남의 장소를 제공하며 함께 일하는 모든 동역자들의 담임목사 역할을 성실하게 감당하고 있다. 팬데믹 사태에도 중국을 떠나지 않고 현장을 지켰다. 팬데믹으로 모든 길이 막혀있을 때도 쉬지 않고 기도하며 사역의 길을 열어 그 지역 동역자들에게 일거리를 제공하고 섬김의 기회를 만들어 주고 있다. P가 운영하는 카페는 꿈을 나눌 수 있는 만남의 장이자 새로운 도약을 위한 발판이었다. 그는 참 귀한 하나님의 종이다.

4) 형제가 연합하여 동거함이 어찌 그리 선하고 아름다운지요

급식/진료사역을 진행하며 날마다, 때마다 하나님께서 기뻐하시고 함께하심을 보고, 깨닫고, 감사하게 되었다. 하나님께서는 사역이 성장함에 따라 많은 협력 사역자들이 모여 함께 일하게 해주셨다. 콩우유 공장을 연결시켜 주서서 아이들에게 콩우유를 공급할 수 있게 해주셨다. 요구르트 회사를 통해 신선한 요구르트를 제공할 수 있게 해주셨다. 공책 공장을 통해서 필요한 학용품을, 제약 회사를 통해서 필요한 기초의약품을 공급받게 해주셨다. 그리고 이러한 협력사역들을 통해 젊은 동역자들을 모아주셨다. 내 나이 60살에 사역을 시작했는데 하나님께서는 미리 앞날을 예비해 주서서 더 높이, 더 멀리 바라보며 꿈을 꾸고 나갈 수 있게 해주셨다.

요즘 교회는 물론 모든 선교단체들이 사역을 물려주는 일을 놓고 몸부림치며 기도하고 있는데 하나님께서는 시작부터 다음 단계를 준비해주셨다. 사역 현장 곳곳에서 몸바쳐 헌신하여 일하고 있는 젊은 동역자들을 바라보면 "하나님, 감사합니다. 하나님, 감사합니다"라고 부르짖으며 엎드릴 수밖에 없다. 그 안에서 장기 거주하며 사역하는 젊은 동역자들의 이야기 몇 개를 나누기 원한다. 내가 직접 보고 들은 것도 있고, '전설처럼' 전해 내려오는 이야기도 있는데 모두가 사실이다.

1. 그 안에는 생각 밖으로 많은 미국의 젊은 가정들이 들어와 집단으로 장기 거주하며 사역을 진행하고 있었다. 이분들

의 특징은 모두가 여러 명의 자녀들을 그 안에서 키우고 있다는 점이었다. 이분들이 거주하는 곳은 통제된 지역이어서 외부인은 출입이 금지되어 있다. 어른들은 그렇거니 하고 지나치는데 미국 아이들과 북한 아이들은 서로에게 큰 관심을 가질 수밖에 없다.

어느 날, 밖에 있는 북한 아이 하나가 미국 아이를 향해 돌을 던졌고 그 돌에 정통으로 얼굴을 맞은 미국 아이는 피를 많이 흘리게 되었다. 어른들은 난리가 나서 어쩔 줄 모르는데 돌에 맞은 아이는 태연하게 돌을 던진 아이를 향해 말했다. "야, 이리 들어와 함께 놀자. 여기 재미있게 함께 놀 수 있는 것들 참 많아!" 그 말 한마디로 그 지역은 더 이상 통제구역이 될 수 없었다. 돌에 맞아 피흘리는 아이가 들어오라고 부르는데 그 누구도 막을 길은 없었다. 참으로 십자가의 복음, 피흘림의 능력은 막을 자가 없다!

2. V는 젊은 백인여자로 그 안에서 정말 많은 일들을 했다. V는 성격이 활달했고, 모든 음식을 가리지 않고 많이 먹었다. 그녀가 함께 사역하는 단체에서 미국으로부터 기계를 수입하게 되었다. 미국에서는 기한이 지나 폐기처분 되었지만 그 안에서는 사용할 수가 있어 미 국무성의 허가를 받아 무료로 기

증받게 되었다. 그런데 최종단계에서 미 재무부로부터 그 기계가 수출금지품이라는 판정을 받아 모든 절차가 중지되었다. 그 단체는 모든 사람이 금식기도하기로 결정하고, 한 사람씩 순번을 정해 하루 3끼를 금식하기로 했다.

  V의 차례가 된 날, 모두 모여 식사를 하는데 V는 먹지 않았다. 옆에 있던 북한 관리가 음식을 계속 권하는데 V는 계속 거절할 수밖에 없었다. 그 관리는 이렇게 말했다. "야, 거 세상에 별일이 다 있다. 아니 V가 밥을 안 먹다니, 무슨 일이 있나?" 그래서 미국에서 기계가 오지 않아 금식기도를 하게 됐고 오늘이 V의 차례라고 설명했다. 그 관리는 고개를 절레절레 흔들며 별일이라고 말했다. 그리고 약 일주일 후에 미 정부의 허락이 나와 기계를 수입하게 되었다. 또 얼마의 시간이 흘러 그 단체에 다시 어려운 일이 생겼다. 모두가 걱정하고 있는데 그 북한 관리가 한마디 했다. "지난 번 같이 이번에도 밥 안 먹고 하는 거(금식기도) 하면 될 텐데 뭘 걱정하나?" 하나님께서 내리시는 꿀밤 한 대를 호되게 맞는 순간이었다.

  3. H는 젊은 조선족 여자로 온 가족이 그 안에서 장기 거주하며 사역을 진행했다. 팬데믹 사태로 모두가 떠났을 때, 그 가정은 끝까지 그 안에 남아 자리를 지켰다. 그 지역 주민들

사이에서는 "오늘도 저 가정이 떠나지 않고 남아있네"가 매일의 대화였을 정도였다. 어느 날, H는 이웃으로부터 편지를 받았다. "떠나지 않고 계속 머물러 주신 사랑 잊지 않겠어요." 임마누엘 하나님의 사랑이 확실하게 증거되는 순간이었다.

5) 개미군단 일동, 앞으로 직진!

유치원/탁아소, 병원/진료소 건물을 짓고 운영하는 급식/진료사역을 시작하며 다음과 같은 사항을 기도하며 결정하게 되었다. 그 지역 도심에는 큰 규모의 유치원, 병원들이 이미 세워져 운영되고 있었다. 그리고 북한 정부에서는 계속해서 도심지역에 큰 건물을 지어주기를 원했다. 사역을 진행하기에는 편한 점도 있고, 모금활동을 하기에도 유리했다. 그렇지만 '또 하나의 대형 유치원이나 대형 병원을 짓는 일이 과연 필요한 사역일까?'를 생각하며 기도했다. 그리고 정부 관계자들에게 다음과 같이 요청했다. "우리는 적은 자금으로 운영되는 작은 단체이니 멀리 떨어진 작은 마을에, 작은 규모의 유치원이나 병원건물을 짓고 운영하기를 원합니다."

그 결과로 도심에서 멀리 떨어진 작은 마을에서 작은 규모의 유치원과 진료소 사역이 시작되었다. 처음에는 사역이 초라해 보였고, 먼 길을 오고 가는 일이 피곤하기도 했다. 그러나 하나님께서 이 결정을 기뻐하셔서 정말 크고 복된 열매를 풍성하게 맺게 해주셨다.

  1. 도심에서 멀리 떨어진 마을을 가기 위해서는 도중에 여러 마을을 거치게 되어 뜻밖에 주민들과의 접촉이 이루어졌다. 길 가는 중에 차가 고장이 나기도 하고, 길을 잃어 여기 저기 낯선 길을 헤매게도 되었다. 때로는 군인들이 길을 막고 멀리 돌아가게 하여 새로운 마을들을 거쳐가게 되기도 했다. 하나님께서 작고 약한 우리들을 위해 예비해주신 아름다운 축복이었다.

  이런 우리들의 모습이 먹이를 물고 부지런히 쉬지 않고 움직이는 개미떼 같이 보여 우리 스스로를 '개미군단'이라고 부르게 되었다. 먼 길을 가노라면 소변보는 일을 위해 도중에 차를 멈추고 일을 보기도 했다. 우리는 이 일을 '비료 주는 작업'이라고 불렀다. 우리 일행이 길에서 좀 떨어진 밭으로 내려가 일하는 분들에게 "수고하십니다. 밭에다 비료를 좀 줘도 되나요?"라고 물으면 그분들은 '이게 뭔가'하며 머뭇거리게 된다. 그러면 안내원이 웃으면서 "이분들은 미국에서 온 방문단

인데 소변을 보고 싶답니다"라고 말하면 그분들도 웃으며 돌아선다. 볼 일을 마치고 차에 오르면 안내원에게 말한다. "열여섯 톤의 비료 영수증 좀 해주시라요." 뭔 소리인가 얼떨떨해 하는 안내원에게 "우리 여섯 명이 순수한 자연비료를 줬으니 한 명당 한 톤씩 치고 나는 잘 숙성시킨 비료를 줬으니 내 몫으로 열 톤을 더 얹어 도합 열여섯 톤의 영수증이 필요합네다." 이러면서 우리는 한바탕 크게 웃는데, 그 다음부터는 서로 자기 것도 한 톤 이상은 된다며 웃고 떠들며 먼 길을 가게 된다. 나는 돌아오는 길에 그 지역을 지나며 말한다. "야, 확실히 토종비료가 세긴 세구나. 봐라 네가 비료를 준 자리가 더 푸르고 싱싱하지 않냐?" 안내원은 씩 웃고 지나가는데 동행한 2세 동역자들은 이의를 제기한다. "아니에요. 미제가 더 세요. 보세요, 목사님이 비료 준 자리가 더 푸르고 싱싱해요." 이렇게 차 안은 누구도 이길 필요가 없는 열띤 토론의 장이 되고, 때로는 R등급 이상의 진한 농담도 터지며 웃음소리가 흘러넘치게 된다.

비료 주는 개미군단, 앞으로 직진!

2. 사역 초기의 일이었다. 7월 초에 유치원과 병원사역을 관리하는 정부관리가 월동용 석탄 구입 비용을 청구해왔다. 그

는 "지금 석탄을 구입해야 품질 좋은 석탄을 싼 값에 구입할 수 있다"고 말했다. 나는 7월에 석탄 구입이 무슨 말이냐"고 무시하며 지나쳤다. 그런데 막상 10월이 되니 날씨가 갑자기 추워지고 석탄을 운반하는 길에 서리가 내려 석탄 반입이 어려워져서 석탄 값이 굉장히 비싸졌다. 값이 비싼 것도 문제지만 저장되어 있는 석탄이 부족해서 석탄을 구입하기가 정말 힘들게 되었다. 겨우 비상수단을 써서 필요한 양의 석탄을 구입하여 각 유치원/탁아소, 병원/진료소에 배달을 마쳤는데 석탄 전문가가 아닌 내가 보기에도 석탄의 질이 좋지 않고 양도 뭔가 부족해 보였다. 집으로 돌아오는 길에 계속해서 마음이 착잡했다. 그 지역의 겨울 날씨가 얼마나 추운가를 이미 겪어 알고 있는데 순전히 내 실수로 추운 겨울 내내 떨며 지내야 할 어린 아이들과 약한 환자들을 생각하니 정말 가슴이 아팠다. 그때 우리가 할 수 있는 일은 기도뿐이었다.

"하나님 아버지, 어린 아이들, 약한 병자들이 아버지의 품 안에서 이 겨울을 따뜻하게, 무사하게 지낼 수 있도록 보호해 주세요."

정말 쉬지 않고 간절하게 기도했다. 라스베이거스 기도모임이 있던 11월 어느 날이었다. 그날따라 비가 엄청나게 쏟아졌다. 나는 기도제목을 내놓으며 내 잘못으로 아이들이 추운 겨울을 지내게 되었다고 말하며 함께 기도하자고 했다. 기도제목을 내놓으며 나도 모르게 목이 메어 흐느껴 울게 되었고 거기 모인 기도회원들도 함께 울었다. 또 그 집에서 키우는 개도 우리 모두가 우니까 서서 우는 내 다리에 얼굴을 부비며 응응 흐느꼈다. 개까지 함께 우는 기도모임이었다.

봄이 되어 그 지역을 방문하게 되었다. 중국에 도착하니 마중 나온 2세 동역자들이 말했다. "목사님, 지난 겨울 우리가 배달해 준 석탄이 화력이 좋고 오래 탔다고 모두가 좋아하고 있어요." 그 안에 들어가니 가는 곳마다 유치원 원장이나 병원 원장 모두가 똑같은 말을 하며 좋아했다. 특별히 우리 사역을 관리하는 정부의 사무실을 방문하니 그 책임 관리가 은근히 내게 말했다. "목사님, 다음부터는 우리 사무실의 석탄도 목사님네가 공급해주세요."

기도하는 개미군단, 앞으로 직진!

3. 겨울동안 유치원은 긴 방학에 들어가기에 쌀 공급이 중단된다. 어느 추운 겨울날, 유치원 사역을 담당하는 관리로부터 연락이 왔다. 쌀을 좀 보내달라는 부탁이었다. 겨울동안 유치원은 방학이지만 탁아소는 계속 열고 있는데 점심때가 되면 유치원 아이들이 찾아온다는 것이었다. 아이들은 같은 건물

에 있는 탁아소에는 석탄난로가 활활 타오를 것이고, 또 점심밥도 있을 것으로 여겨 그 추운 날씨에 유치원 간다고 집을 나선다. 그러면 어른들은 겨울 들판 길에 어린 자녀를 혼자 보낼 수 없어 따라 나서고, 선생님들은 찾아온 아이들과 어른들을 그냥 보낼 수 없어 점심을 먹이게 되어 쌀이 부족하다는 이유였다. 그래서 우리는 쌀을 더 보냈다. 그렇게 해서 우리 아이들은 추운 겨울, 손을 호호 불며 눈 덮인 벌판을 지나 점심 한 끼를 먹으며 자랐다. 그리고 어느 날, 그 어린 유치원생이 유치원 선생님이 되어 우리 앞에 나타났다. 또 다른 유치원생은 간호사가 되어 병원/진료소에 왔다. 우리가 거래하는 영업소 직원으로 일하며 우리에게 인사한 유치원생도 있다.

  요즘 우리 모두가 참 어렵고 힘든 시간을 보내고 있다. 그렇지만 추운 겨울, 언 손을 호호 불며 유치원을 찾아오던 아이들과 어느 날, 우리 앞에 나타나 "저 알아 보시겠습니까?"라고 인사하던 유치원 선생님을 생각하면 그날을 바라보는 우리의 꿈은 새롭기만 하다.

  그러므로 꿈꾸는 개미군단 여러분, 일어나 앞으로 직진!

"사람아 주께서 선한 것이 무엇임을 네게 보이셨나니 여호와께서 네게 구하시는 것은 오직 정의를 행하며 인자를 사랑하며 겸손하게 네 하나님과 함께 행하는 것이 아니냐"(미가 6:8)

"네게서 날 자들이 오래 황폐된 곳들을 다시 세울 것이며 너는 역대의 파괴된 기초를 쌓으리니 너를 일컬어 무너진 데를 보수하는 자라 할 것이며 길을 수축하여 거할 곳이 되게 하는 자라 하리라."
(사 58:12)

제3장

고아원 사역과 'Here&Now Ministry' 보고

제3장

고아원 사역과 'Here&Now Ministry' 보고

1) 고아원 사역의 시작

어느 날, 미국 시카고의 목사님 한 분이 전화를 걸어왔다. 그는 평양 근처의 온천고아원을 돌보고 있는데 도와줄 수 있겠느냐고 물었다. 누군가로부터 내가 평소에 고아원 사역에 관심을 가지고 있다는 말을 들었다고 했다. 그래서 만나서 이야기를 들어보자고 했다. 그 목사님은 마침 온천고아원을 방문하기 위해 가는 길에 LA에 머물고 있어 서로 만나게 되었고, 고아원 사역은 그렇게 시작되었다. 온천고아원에 목욕탕 시설을 새로 설치해 주는 일을 시작으로 조금씩 고아원 사역이 자라나기 시작했고, 고아원 사역을 관리하는 북한 관리들과도 자주 만나게 되며 사역을 대하는 시야가 넓어지게 되었다.

그리고 어느 날, 북한 관리들의 연결로 평양 인근 평성중등고아원의 위생시설을 새로 마련해주는 일을 시작하면서 고아원 사역이 성장하며 자리를 잡아가게 되었다. 처음에는 여러 가지 시행착오도 있었고 실망스러운 일도 계속 일어났다. 재정 규모도 우리의 범위를 크게 벗어나 많이 기도하며 하나님께 매달렸다. 그러면서 고아들을 돌보는 사역은 우리가 마땅히 해야 할 사역이고, 마땅히 해야 할 사역이면 하나님께서 채워주신다는 믿음으로 고아원 사역을 계속 추진해 나가게 되었다. 책임소재를 분명하게 하기 위해 고아원 사역을 관리하는 부서의 관리 중 한 명을 우리 단체에 파견되도록 해 모든 의사소통의 통로를 단일화했다. 그럼으로써 책임의 소재를 확실하게 하고 여러 사역을 추진하게 되었다. 자동차운전학교, 목공실습학교, 재봉실습학교, 영어회화실습소, 밴드부 등을 평성중등고아원을 시작으로 원산, 황주, 희천 등으로 확장했고 일반 중학교 2곳에도 직업학교를 시작할 수 있도록 지원했다. 함께 일하는 2세 동역자들이 그 외의 여러 고아원에 위생시설, 겨울신발과 방한복, 라면급식 등을 지원해 주는 등 고아원 사역은 빠른 속도로 성장하게 되었다. 그리고 고아원 사역을 통해 커나가는 고아들을 보며 우리의 꿈도 함께 자라게 되었다.

2) '기쁜 소식을 외치는 자들의 클럽'(Gospel Runner's Club)의 꿈

고아들의 직업훈련사역은 정말 엄청나게 빠른 속도로 자라갔다. 자동차운전실습학교를 세워주고 다음 달 방문해 보니 고아들이 벌써 큰 트럭을 운전하며 고아원 운동장을 빙빙 돌고 있었다. 작은 키에 발이 닿지 않으니까 등에 커다란 받침목을 끼워 넣고 활짝 웃으며 운전하는 모습은 우리 모두의 눈시울을 뜨겁게 했다. 목공실습소, 재봉실습소, 영어회화실습소 등의 직업훈련사역은 참 빠르게 성장했다. 고아들은 마치 모래땅에 물이 흡수되듯이 빠르게 배우고 성장해 나갔다.

특별히 밴드부는 정말 혀를 내두를 정도로 빠른 속도로 성장했다. 어느 날, 고아들의 나팔소리를 들으며 문득 이상한 생각이 들었다. 북한의 음악은 우리 교회음악과 거의 비슷하다. 가사 없이 멜로디만 들으면 찬송가 연주를 듣는 듯한 착각에 빠질 정도였다. 그날 나는 고아들의 연주를 들으며 그 장소가 교회음악을 가르치는 특수 음악학교라는 생각에 사로잡혔다.

'이제 기본적인 훈련은 끝났으니 그 음악에 올바른 가사만 넣어주면 되는구나' 하는 생각이 들며 가슴이 울컥하는 감동을 맛보았다. 그렇게 생각하며 고아들을 바라보니 그들이 '이 시대의 사도 바울'이라는 생각을 하게 되었다. 사도 바울은 육신적으로 왜소하고 보잘 것이 없었다고 전해 내려온다. 내 앞에 있는 고아들, 작고 약해 보이는 고아들, 그들은 이미 외모는 사도 바울을 꼭 닮았으니 이제 남은 일은 다메섹 도상에서 바울을 만나주시고 택해주신 예수님의 강권적인 역사하심뿐이다. 하나님께서 택하셔서 불러주신 사도 바울 한 사람을 통하여 복음전파의 큰 역사가 이루어졌다.

"이 고아들 중에 한 사람을 택해 주시고 역사해주셔서 오늘날의 사도 바울로 세워주소서!"

이것이 'Gospel Runner's Club'의 꿈의 시작이다.

흔히들 북한을 '오늘 날의 땅 끝'이라고 말한다. 그러나 북한 땅에 서서 되돌아보면 북한은 땅 끝이 아니라 시작이다. 예수님께서 "예루살렘과 온 유대와 사마리아와 땅 끝까지 이르러 내 증인이 되리라"고 말씀하신 예루살렘과 같다. 1937년, 고려인들이 화물차에 실려 강제로 옮겨진 시베리아 철도의 출발점이 바로 그곳에 있다. 오늘날의 실크로드라고 불리는 중국의

'일대일로'(一帶一路)의 출발점도 북한이다. 이 실크로드를 따라 이 시대에 가장 많은 미전도종족들이 자리하고 있다. 특별히 수많은 회교도들이 이 지역에 있다. 회교도들에게 기독교는 '가진 자, 큰 자, 지배하는 자'이기에 저항하고 무너뜨려야 할 세력이다. 그들을 향해 작고 약한 우리 고아들이 외친다.

"여러분, 제 모습을 보십시오. 어제까지만 해도 저는 여러분과 똑같은 어둡고 힘든 시간 속에 있었습니다. 그러나 하나님께서 저에게 먼저 은혜를 베푸셔서 제가 여러분 앞에 오늘 섰습니다. 제게 베푸신 하나님의 그 놀라운 은혜의 품속으로 여러분을 초대합니다."

이것은 참으로 작은 자의 복음이다. 십자가를 수놓은 화려한 깃발을 휘날리며 말을 달리는 십자군이 아니라, 힘겹게 십자가를 지시고 골고다 언덕에 올라 십자가에 달리시고 부활하셔서 우리의 구원을 이루신 예수님의 모습을 보여주는 '그 십자가'를 지고 가는 작은 자들의 외침이다. 이 복된 꿈을 꾸며 실크로드를 바라보면 하나님께서 이미 준비를 끝내고 우리를 기다리고 계심을 깨닫게 된다. 로마 황제가 전쟁의 승리와 원활한 통치 수단으로 잘 닦아놓은 '왕의 대로'(King's High Way)를 바울과 여러 전도자들이 복음 들고 달려가 그 대로 곳곳마다 오늘의 교회가 세워졌다. 오늘날 실크로드도 인간들의 욕심을 위해 잘 닦아지고 정비되어 있다. 게다가 사막의 오아시스 같이 실크로드 곳곳에 우리 동역자들이 먼저 가서 자리를 잡고 "어서 오라"고 재촉하고 있다. 이제는 하나님의 부르심의 손길에 붙잡혀 달려갈 '가스펠 러너'(Gospel Runner)들을 세우고 함께 달려가는 일만 남았다. 이 지역이 복음화 되어 사람들이 실크로드(Silkroad)를 가스펠 로드(Gospel Road)라고 부르는 날이 주님의 손길 안에서 속히 이루어지기를 기도하자.

"믿음으로 야곱은 죽을 때에 요셉의 각 아들에게 축복하고 그 지팡이 머리에 의지하여 경배하였으며"(히 11:21)

가스펠 러너스 클럽을 위해 기도하는 나에게 하나님께서 이 말씀을 주시며 내 등을 밀어주신다. 이 말씀은 창세기 48장 12~20절에 기록된 야곱이 요셉의 두 아들 므낫세와 에브라임을 축복하는 말씀의 요약이고 해석이다. 야곱은 요셉의 장자인 므낫세의 머리에 왼손을, 차자인 에브라임의 머리에 오른손을 얹고 에브라임에게 장자의 축복을, 므낫세에게 차자의 축복을 내려달라고 기도한다. 성경은 이 기도를 '야곱의 믿음의 기도'라고 기록하고 있다. 이 야곱의 믿음의 기도는 그대로 이뤄져 에브라임은 장자의 축복을, 므낫세는 차자의 축복을 받게 된다. 믿음의 기도, 특별히 두 손을 서로 어긋나게 얹어 십자가의 모양을 이뤄 드리는 기도, 우리 위해 십자가 지시고 부활하신 예수님의 이름으로 드리는 기도의 능력을 확실하게 보여주는 말씀이다. 당시에 장자와 차자와의 차이는 하늘과 땅 차이만큼이나 컸다. 이 차이를 이겨보려고 야곱은 온갖 인간적인 방법을 다 써보았지만 결국 허사임을 자신의 죽음의 자리에서 깨닫게 되었다. 그래서 오직 믿음의 기도만이 해결책임을 절실히 느끼며 축복하며 기도한다. 그래서 우리도 믿음으로 기도한다.

"하나님, 북한의 고아들이 이 시대의 사도 바울이 되게 해주세요. 이 시대의 땅 끝인 북한이 복음전도의 출발점이 되게 해주세요. 실크로드가 가스펠 로드가 되게 해주세요. 늙고 힘없는 제가 가스펠 러너가 되어 고아들과 함께 복음을 외치며 달려가게 해주세요."

3) '치유하는 자와 세워주는 자들의 클럽' (Repairer&Restorer's Club)의 꿈

어느 날, 한 유치원을 방문하게 되었다. 그때 한 여자 선생님이 "저 알아 보시겠습니까?"하고 물었고 나는 당황해서 머뭇거리게 되었다. 그 선생님은 처음 사역을 시작할 때의 한 유치원의 학생이었는데 자라서 선생님이 되어 내 앞에 서있었다. 'Repairer&Restorer's Club'의 시작이었다. 오늘 내 눈 앞에는 어리디 어린 유치원생들과 그들을 돌봐야 할 일거리뿐인데 하나님께서는 "거기서 한 걸음 더 나가라"고 말씀하신다. 눈앞의 일거리, 현실에만 몰두하면 금방 지치고 낙심하게 되어 '왜 내가 지금 이 일을 하고 있는지'를 잊어버릴 수 있다.

그날 유치원 출신 선생님과의 만남은 '저 어린 아이들, 저 일거리들은 하나님께서 내게 주신 기도의 제목들이고, 꿈을 꾸며 축복해야할 사랑의 선물'임을 새삼 깨닫게 해주셨다. 아, 지금 내 앞에 서서 웃고 있는 저 선생님은 분명 하나님의 선물이다. 십 몇 년이 넘는 세월 동안 내 눈에는 아이들만 보였는데 키우시고 성장시키시는 하나님께서는 이렇게 귀한 선물을 준비해 주셨구나! 하나님께서 지금까지의 모든 사역을 뛰어넘는 새로운 문을 열어주시는 축복의 시간이었다. 지금까지 나는 언제나 눈앞의 현실에만 매달려 아등바등하며 지내왔는데, 하나님께서는 좀 더 멀리 바라보며 꿈을 꾸고, 기도하고, 축복하며 달음박질하라고 말씀해주신다.

사역을 시작할 때였다. 북한으로 들어가는 길은 막혀있고, 주변의 사람들은 다 떨어져 나가고 없었다. 그때 내가 할 수 있는 일은 두만강과 압록강변을 따라 움직이며 중국쪽에서 북한을 바라보며 기도하는 일이었다. 참 많이 구하고, 찾고, 두드렸다.

"하나님, 북한선교를 위해 저를 불러주셨는데 왜 제가 중국 땅에서 북한을 바라보며 기도해야 되나요?"

내 딴에는 할 말도 많았고, 항변하는 기도에는 제법 그럴듯한 이유도 있었다. 그런데 오늘 내 앞에 서있는 유치원 선생님을 보면서 그 너머의 중국 땅을 바라보니 바로 그곳이 얼마 전에 내가 지금 서있는 이 장소를 바라보며 기도하던 바로 그 자리가 아닌가? 하나님께서는 내가 뭣도 모르고 두드리고 있을 때 사역을 준비해주셨고, 내 앞에 서서 나를 감격시키며 울게 하는 귀한 사랑의 선물까지 준비하고 계셨구나! 그리고 강변을 따라 움직이며 기도하는 그 시간에 함께 일하며 이 자리에 함께 서서 바라보는 많은 조선족 동역자들을 만나게 해주셨구나! 내 앞에 보이는 현실은 걱정과 근심 대신 앞을 바라보며 꿈을 꾸고, 기도하며, 축복하고, 감사하도록 하나님께서 마련해 주신 예배의 장소구나! 하나님, 감사합니다.

"내게서 난 자들이 오래 황폐된 곳들을 다시 세울 것이며 너는 역대의 파괴된 기초를 쌓으리니 너를 일컬어 무너진 데를 보수하는 자라 할 것이며 길을 수축하여 거할 곳이 되게 하는 자라 하리라."(사 58:12)

Repairer(무너진 데를 보수하는 자)&Restorer's(길을 수축하여 거할 곳이 되게 하는 자) Club의 꿈을 주신 하나님의 말씀이다. 이사야서 58장 6~12절은 하나님 앞에서의 우리 사역의 자세를 바로 잡아 주는 귀한 말씀이다. 하나님께서는 우리 사역의 현장에 존재하는 모든 문제들, 즉 흉악의 결박, 멍에의 줄, 압제 당하는 자, 모든 멍에, 주린 자, 유리하는 빈민, 헐벗은 자, 우리의 골육을 피하지 말고 함께 기도하며, 꿈을 꾸며, 축복하고, 섬기며, 함께 가라고 말씀하신다. 변명하지도, 핑계대지도, 손가락질하지도 말고, 오직 하나님께 다 맡기고 밝게, 기쁘게, 곧게 나가라고 말씀하신다. 그런 우리를 하나님께서 기뻐하셔서 밝고 바르게, 강건하게 세워주시고, 우리 사역의 현장을 물댄 동산 같이, 물이 끊어지지 아니하는 샘 같이 채워주셔서 우리를 무너진 데를 보수하는 자로, 길을 수축하여 거할 곳이 되게 하는 자로 세워주시겠다고 약속해 주신다.

지금 우리는 주 안에서 남과 북이 복음으로 통일되는 날을 기다리며 기도하고 있다. 그리고 통일의 그날 온 세상의 다툼과 분쟁, 그로인해 상처받고 주저앉은 이웃들을 세워주고 회복시켜 주는 'Repairer&Restorer's Club'을 기도하며 준비하고 있다. 전 세계에 유일하게 남아 있는 분단국가, 싸움과 다툼의 상처가 곪아 터져 아프다는 비명소리가 가득찬 나라, 하지만 기도를 들으시는 하나님께서 문제를 해결해 주실 수 있음을 알고 쉬지 않고 기도하는 나라, 하나님께서 상처를 감싸주시고 치유해 주시는 날에 그 은혜를 온 세상의 상처받은 자들에게 전해 그들을 치유하고 회복시키는 'Repairer&Restorer's Club'을 준비하는 나라, 이것이 바로 우리의 모습이다. 그날이 언제 올까? 오직 하나님만 알고 계시고, 그분의 손 안에서만 이루어질 일이다. 그래서 우리는 기도로 준비해야 하며 통일의 그날을 가로막고 있는 아픈 현실을 온 몸으로 부둥켜안으며 인내해야 한다.

우리 앞의 험하고 아픈 현실은 끝이 아니다. 이 현실은 북한의 고아들, 유치원/탁아소 아이들, 그곳의 작고 힘없는 친구들을 생각하며 함께 아파하고, 그들을 위해 꿈을 꾸고, 기도하며, 축복하라고 하나님께서 우리에게 마련해 주신 섬김의 자리다. 그러므로 쉬지 말고 기도하자. 낙심하지 말고 섬기며 준비하자.

언젠가 회령에 들어가 여러 학교시설을 방문하는 기회가 있었다. 방문한 학교 학생들과 친해져 보려고 무척 애썼지만 잘 되지 않았다. 그런데 동행한 박 부장이 그들의 말로 한마디 하니까 학생들이 우르르 몰려들어 큰 무리를 이뤄 이리저리 다니며 재미있게 지내는 모습을 보게 되었다. 서로 동일시하며 소통할 수 있는 수단이 있다는 것은 Repairer&Restorer's Club이 갖추어야 할 필수 덕목이다. 오늘의 아픈 현실은 그 덕목을 갖추기 위해 하나님께서 마련해주신 축복의 무대다.

4) '꿈과 소망의 전달자들의 클럽'(200 Businessmen's Club)의 꿈

북한선교를 위해 중국을 방문하면 생각 밖으로 많은 수의 미주 2세들을 만나게 된다. 모두 갖출 것 다 갖추고 부족함이 없어 보이는데 뭔가 힘이 없어 보이고 어깨가 처져있었다. 이들과 함께 어울리고 기도하며 지내면서 문득 북한의 젊은이들보다 이들을 돌보는 일이 우선이라는 생각이 들었고 이를 위해 많이 기도하게 되었다. 그래서 시작된 것이 200 Businessmen's Club'의 꿈이다. 나 한 사람이 비지니스를 열어 500명의 삶을 책임지기로 결심하자. 그리고 나처럼 500명의 삶을 책임질 것을 결심하는 200명의 클럽을 만들자. 그렇게 되면 나 한사람의 결심으로 십만 명의 삶을 책임질 수 있게 된다. 그리고 이 클럽 멤버들이 서로서로 기도하며 꿈을 나눠 십만 명을 책임지는 또 다른 200개의 클럽을 만들어 2000만 명의 삶을 책임지는 공동체를 이루자. 그리고 꿈을 꾸자. 통일의 그날, 한 조각 빵을 위해, 또 다른 삶을 바라보는 도약을 위해 목숨 걸고 건너던 두만강과 압록강의 강변을 따라 2천만 명의 삶을 책임지기로 결심하고 기도하는 비지니스맨들에 의한 사업체가 모여들어 운영되는 꿈을 꾸자. 그리고 그 선한 사업체들에 온 세상의 배고프고 지친 형제자매들이 모여와 삶의 새 힘을 얻게 되고, 복음을 듣고 새 생명을 얻게 되는 꿈을 꾸자. 그리고 그 새 생명과 새 삶을 얻은 형제자매들이 떠나온 고향으로 돌아가 복음을 전하고 꿈과 소망을 나누고 전하는 꿈을 꾸자. 나 한 사람이 하나님 앞에서 꿈을 꾸며 약하고 힘든 내 이웃을 책임지기로 결심하고 기도할 때, 하나님께서 이루실 큰 일을 바라보며 감사하자. 내가 하나님의 사람으로 산다는 의미는 하나님 앞에서 꿈을 꾸고, 그 꿈을 위해 자신을 희생하고, 하나님께 매달려 간절히 기도한다는 것이다.

그때, 우리 모두는 우리와 함께 지내던 고려인 형제자매들의 이야기를 나눌 수 있었다. 1937년 스탈린에 의해 고려인들이 중앙아시아의 벌판으로 강제 이송될 때, 고려인 사회 어른들은 다음과 같이 결정했다.

"추운 겨울에 지붕도 없는 화물열차에서 살아남기 위해서는 누군가의 희생이 있어야 한다. 그래서 열차 안에 모여 앉을 때, 제일 나이 많은 분들이 가장 바깥 줄에, 그 다음 차례로 둘러 앉아 가장 어린 것들이 맨 안쪽에 자리를 잡아 앉게 하자. 어른들이 바람막이가 되어 다음 세대를 보호하자. 그리고 씨앗으로 뿌릴 종자 곡식은 무슨 일이 있어도 먹지 말자."

그렇게 해서 그들은 중앙아시아 벌판에 도착했고, 그 다음 해에 씨를 뿌렸고, 오늘의 고려인 사회를 이루었다. 어른이 된다는 것은, 섬김의 지도자가 된다는 것은 다음 세대를 바라보는 꿈을 가져야 하며, 그 꿈을 위한 자기희생을 해야 한다는 것을 뜻한다. 희생 없는 책임은 허구다.

200 Businessmen's Club의 꿈에 제일 먼저 동참한 사람은 조선족 동역자 박 부장이었다. 그가 우리와 함께 북한에 들어가면 그의 주변에 같은 또래의 안내원들이 모여들었다. 그들은 그가 가지고 있는 '부장'이라는 직함에 대해 많은 관심을 가지고 있었다. 박 부장은 여러 질문에 잘 대답해 줬고, 덧붙여 200 Businessmen's Club에 대해서도 설명해 줬다. 그러면 그

들은 계속 질문했다. "혹시 그 사업의 북한지부를 내가 맡을 수 없겠는가?" "나도 200 Businessmen's Club의 회원이 될 수 있나?"

박 부장은 중국과 북한에서 함께 할 수 있는 사업을 찾기 위해 참 많이, 성실하게 노력했다. 어느 날 박 부장이 내게 말했다. "목사님, 제가 그동안 벌써 몇 천 명을 죽인 것 같아요." 내가 무슨 말인가 해서 쳐다보니까 그는 "제가 벌써 몇 개의 사업을 말아 먹었는지 몰라요. 한 개 말아 먹을 때마다 500명이 죽은 것과 같으니 가슴이 아프고 낙심도 되네요." 나는 이렇게 대답했다. "아니, 하나님 앞에서 우리의 셈법은 그렇지 않다. 우리가 500명을 책임지겠다고 결심하면, 그 500명은 이미 하나님의 손 안에 있는 것이지. 그리고 하나님은 한 번 책임지신 일은 끝까지 책임지시는 분이야. 문제는 내가 이 사업을 위해 얼마나 헌신했고 희생했는가를 살펴보는 일이지. 그리고 낙심하지 않고 다시 시작하는 것이 중요해."

200 Businessmen's Club의 꿈은 그렇게 자라갔고 퍼져갔다. 어느 날, 이 말을 들은 나이 드신 권사님이 말했다. "나는 뭐 그 일을 위해서 기도나 해야겠네요." 내가 대답했다. "권사님, '기도나'가 아니라 '기도를' 해주세요. 이 꿈의 성취를 위해서는 기도해야 해요. 사람이 하면 얼마를 하겠어요. 우리는 꿈

을 꾸고, 위해서 기도해야 합니다. 그러니까 권사님이 제일 핵심적인 일을 맡으신 거에요. 대신, 아무리 힘들어도 '계속해서' 기도해야 됩니다. 권사님이 기도를 쉬는 날은 2천만 명이 죽는 날이라는 사실을 잊지 마세요."

이렇듯 200 Businessmen's Club의 꿈을 위한 기도는 쉬지 않고 계속되고 있다. 그리고 이 꿈은 계속해서 자라가고 있다!

"기록된 바 내가 너를 많은 민족의 조상으로 세웠다 하심과 같으니 그가 믿은 바 하나님은 죽은 자를 살리시며 없는 것을 있는 것으로 부르시는 이시니라. 아브라함이 바랄 수 없는 중에 바라고 믿었으니 이는 내 후손이 이같으리라 하신 말씀대로 많은 민족의 조상이 되게 하려 하심이라. 그가 백세나 되어 자기 몸이 죽은 것 같고 사라의 태의 죽은 것 같음을 알고도 믿음이 약하여지지 아니하고 믿음이 없어 하나님의 약속을 의심하지 않고 믿음으로 견고하여져서 하나님께 영광을 돌리며 약속하신 그것을 또한 능히 이루실 줄을 확신하였으니 그러므로 그것이 그에게 의로 여겨졌느니라. 그에게 의로 여겨졌다 기록된 것은 아브라함만 위한 것이 아니요 의로 여기심을 받을 우리도 위함이니 곧 예수 우리 주를 죽은 자 가운데서 살리신 이를 믿는 자니라. 예수는 우리가 범죄한 것 때문에 내줌이 되고 또한 우리를 의롭다 하시기 위하여 살아나셨느니라."(롬 4:17~25)

이 말씀은 내 삶의 현장에서, 목회와 북한 사역의 현장에서, 200 Businessmen's Club의 꿈의 현장에서 내 손을 잡아주시고, 내 등을 밀어주시는 하나님의 손길과 같다. 내 약함, 내 처지, 내 부족함 다 아시고 보고 계시는 하나님은 죽은 자를 살리시고 없는 것을 있게 하시는 하나님이심을 믿고, 바랄 수 없는 중에 바라고 믿고, 좌절의 자리에서 다시 일어서며, 약속 믿고 기도하며, 끝까지 달려가라는 말씀이다. 그래서 오늘도 이 말씀 붙잡고 Gospel Runner's Club, Repairer&Restorer's Club, 200 Businessmen's Club의 꿈을 꾸며 달리고 또 달릴 수 있다.

5) 형제들아, 내가 당한 일이 도리어…

2015년 봄이었다. 북한 사역을 시작한 후 십 몇 년이 지났고, 급식/진료사역, 고아원 사역은 자리를 잡아가고 있었다. 또 하나님께서 내 주변에 같이 일하며 교제하는 많은 젊은 동역자들을 보내주셔서 외롭지 않게 달려가고 있었다. 그러던 어느 날, 대상포진에 걸려 병원에 갔더니 의사의 말이 대상포진보다는 내 얼굴의 눈 바로 밑에 있는 검은 점이 더 심각한 것 같다며 나를 피부과 의사에게로 보냈다. 피부과 의사는 나를 보는 즉시 암 검사를 했다. 다음 날, 의사는 "피부암 판정이 났으니 빨리 수술을 받아야 한다"며 수술할 의사를 연결해 주었다. 그러면서 이렇게 말했다. "피부암은 퍼지지만 않았으면 한 번의 수술로 끝나는데, 목사님의 경우는 암의 위치가 눈 바로 밑이고, 검은 점을 달고 다닌 지가 10년이 넘었기 때문에 많이 염려스럽습니다." 그는 이 피부암은 치사율이 아주 높다며 은근히 준비할 것을 권하고 있었다. 수술을 기다리며 많이 기도했고, 정리할 것들을 정리했다. 그리고 내려놓을 것들은 모두 내려놓았다. 중국의 젊은 동역자들에게 수술 날을 알리며 기도를 부탁했고, 북한의 관계자들에게도 소식을 알렸다. 그리고 그달에 예정된 방북 일정을 모두 취소했다.

수술은 잘 끝났고 암은 더 이상 퍼지지 않았다는 판정이 났다. 그래서 방북 일정이 취소된 틈을 타서 미뤄오던 백내장 수술도 받았다. 그리고 그 다음 달 방북길에 올랐다. 북한에 들어가니 몸이 많이 피곤했고, 팔다리와 눈이 잘 작동되지 않아 자주 넘어지게 되었다. 어느 날, 우리 사역을 관리하는 북한 관리가 나를 찾아와 대뜸 말했다. "목사님, 이 몸 가지고 어쩌자고 여길 왔습니까?" 나는 말했다. "당신 보고 싶어서 왔지. 그리고 약속도 지켜야 되고…" 그 당시 나는 두 달에 한 번 정도로 사역 현장을 방문하고 있었고, 수술대에 올라서도 유치원/탁아소 아이들과 고아들의 얼굴을 떠올리며 기도한 것도 사실이었다. 내 대답을 들은 그 관리는 물끄러미 나를 쳐다보더니 이렇게 말했다. "목사님, 이제부터는 일 년에 두 차례 봄과 가을에만 오세요. 그리고 그 사이에는 여기 있는 젊은 사람들을 보내세요. 그러면 내가 목사님이 올 때와 똑같이 그 젊은 사람들과 협력해서 일할게요." 나는 그 자리에서 우리 젊은 동역자들에게 결정권을 넘겨줬고, 그 관리에게 부탁했다. "이제부터는 이분들이 결정하면 나는 따를 터이니 협조를 부탁합니다." 그 후로 젊은 동역자들, 특히 조선족 동역자들은 정말 열심히, 충성스럽게 일해 사역은 꾸준히 성장해 갔다.

2017년, 미국시민 방북금지령이 내려졌다. 미국의 교회와 비영리단체가 섬기던 사역들이 많은 타격을 받게 되었다. 그러나 이 어려운 시간에 하나님께서 미리 준비해 주신 젊은 동역자들을 통해 우리 사역은 멈추지 않고 진행될 수 있었다. 2019년에 시작된 팬데믹 기간은 그 유례를 찾기 힘든 어려움의 시간이었다. 모든 것이 막히고, 끊기고, 무너지는 시간이었다. 그러나 그 어려움의 시간에도 하나님께서 준비해 놓으신 하나님의 사람들을 통해 사역은 진행될 수 있었다. 모두가 막히고, 끊기고, 무너지는 시간에도 기도의 문은 더욱 활짝 열려 있었고, 약한 우리를 붙잡아 주시는 하나님의 손길은 갈수록 더 견고해졌다. 오히려 막혔기 때문에, 끊겼기 때문에 새로운 사람들과의 만남이 이루어졌고, 무너졌기 때문에 새로운 관계가 세워지고 맺어졌다.

"너희 안에서 착한 일을 시작하신 이가 그리스도 예수의 날까지 이루실 줄을 우리는 확신하노라."(빌 1:6)

옥에 갇힌 바울을 통해 빌립보교회에 주신 하나님의 말씀은 오늘의 힘들고 어려운 시간을 보내면서도 하나님을 바라보는 우리에게 주시는 하나님의 음성이다.

"형제들아 내가 당한 일이 도리어 복음전파에 진전이 된 줄을 너희가 알기를 원하노라."(빌 1:12)

이 말씀이야말로 막히고, 끊기고, 무너진 사역의 현장에서 다시 일어서라고 우리의 손을 잡아 끌어주시는 하나님의 사랑의 손길이다.

온 세상이 배고프다는 외침, 자기 소리를 좀 들어달라는 아우성, 자기 자신을 알아달라는 비명으로 넘쳐나고 있다. 그래서 200 Businessmen's Club의 꿈과 기도가 있다. 이 꿈을 위해 들어주는 귀가 필요하다. 품어주는 넓은 가슴이 필요하다. 밀어주는 손길이 필요하다. 그리고 무엇보다 우리 모두의 기도가 필요하다.

제4장

나를 꿈과 기도의 자리로
이끌어 준 2세 동역자들

제4장

나를 꿈과 기도의 자리로 이끌어 준 2세 동역자들

1) 나단(Nathan)과의 만남, 새로운 꿈과 기도의 문이 열리다

북한으로 들어가는 길은 막혀 있고, 함께 일하기로 한 사람들과의 관계는 단절되어 있어 두만강과 압록강변을 따라 움직이며 기도할 때였다. 내가 전에 섬기던 나성한미교회의 집사님 한 분이 나단에게 연락해 보라고 나단의 중국 전화번호를 보내왔다. 나단은 몇 년 전에 나성한미교회에서 함께 섬겼던 젊은 집사님이었다. 사업을 하기 위해 한국으로 나갔다고 알고 있었는데 지금은 베이징에서 사업을 시작했다는 것이다. 만나보니 베이징에서 고급 빵집을 열기 위해 준비하고 있었다. 빵집 이름을 '베델'(Bethel)로 정하고, 베델이라는 이름에 십자가 문양을 넣어 등록 절차를 진행하고 있었다. 중국의 사회체제와 분위기에서는 절대 불가능한 일이었지만 그는 기도하며 계속 추진하고 있었다. 하나님의 은혜로 등록은 허가되었고 빵집은 번창하며 자라갔다. 빵집은 그 지역 동역자들의 모임장소가 되어 그 당시 북한선교의 선두를 달리던 Y&P 부부를 만날 수 있었다. 또한 앞서 언급했던 LA 지역의 매튜와 사라 부부가 돌보는 외화벌이 나온 북한의 젊은이들을 돌보는 단체의 직원들도 만나게 되었다. 그리고 이분들과 연결된 참 많은 동역자들이 각처에서 모여들어 서로 꿈과 필요한 정보를 나누며, 서로를 위해서 기도하고 격려하는 복된 장소가 되었다.

나단은 정말 꿈이 많은 열정적인 하나님의 사람이었다. 그는 베이징 베델 빵집이 끝이 아니라 그런 빵집을 북한 안에 열어 중국에서와 같은 복된 만남의 자리로 만들려는 꿈이 있었다. 그 꿈을 위해 젊은 제빵 기술자들을 양육하는 제빵 공장과 학교를 열었다. 그리고 그 기술자들을 북한의 젊은이들을 불러내어 채우려고 많이 힘쓰고 기도했다. Y&P 부부는 이미 북한 사역을 앞장서 진행하고 있었으며 특별히 미주의 젊은 세대를 사역의 일꾼으로 세우기 위해 꿈을 꾸며 기도하고 있었다. 매튜와 사라 부부는 그 안에 IT 단지와 빅 데이터 뱅크(Big Data Bank)를 세우고 운영하는 꿈을 꾸며 추진하고 있었다. 그래서 모이면 꿈의 나눔이 있었고, 그에 따르는 뜨거운 논쟁과 기도가 있었고, 서로를 축복하고 격려하는 교제가 이루어졌다. 그리고 꿈은 꿈을 낳아서 빵집을 넘어 북한 땅 안에서 맥도널드 매장을 열어 운영하는 일, 교회를 세우는 일, 그 외의 여러 일들을 꿈꾸며 의논했고, 기도했다. 베델 빵집은 마치 오순절 마가의 다락방과 같은 뜨거움이 있었고 진실된 기도가 있었다.

Y&P 부부와 매튜와 사라 부부를 따라 북한에 들어가게 되었고 그 안에서 사역하는 많은 백인 동역자들을 만나게 되었다. 그 안에는 뜻밖에 많은 수의 외국인 동역자들이 있었다. 보통 10~20년 넘게 그 안에서 장기 거주하며 사역하고 있었다. 모두가 자기 전공분야에서 최고 수준의 교육을 받은 전문가들이었다. 심지어 어떤 분들은 장기 거주를 위해 자녀 낳는 일도 포기하고 사역에 집중하고 있었다. 그분들과 함께 봉수교회, 칠골교회에서 예배드리고 근처의 외국인을 위한 경양식

식당에 가서 점심식사를 대접하면 "오랜만에 입맛에 맞는 음식을 먹게 되었다"고 감사해 했다. 그 모습을 보면 감동도 되고 내 자신이 굉장히 부끄러워지기도 했다. 그분들은 오직 한 가지 목적, 즉 어둠 속에 있는 어려운 이웃, 강도 만나 쓰러진 이웃을 불쌍히 여겨 함께 지내며 돌보는 일을 위해 모든 것 다 내려놓고 그 안에 머물고 있었다. 그리고 나는 그분들의 모습 속에서 우리 위해 이 땅에 오셔서 우리와 함께 하신 예수님의 모습을 볼 수 있었다.

그때 베이징에는 '북경 크리스천 펠로십교회'(Christian Fellowship Church in Beijing)가 활발한 모임을 갖고 있었다. 이 교회는 당시 사회주의 국가인 중국에서 외국인 크리스천들이 예배를 드릴 수 있게 허락된 교회로 예배에 참석하기 위해서는 외국인 여권을 보여줘야 했다. 예배는 뜨거운 찬양과 기도, 말씀 선포와 파송의 순서로 이뤄졌는데 정말 은혜가 넘쳤고 뜨거운 감동이 있었다. 어느 날, 북한에서 예배를 마치고 몇 명의 백인 동역자들과 교제하면서 그들에게 물어보았다. "우리도 평양에서 크리스천 펠로십교회를 시작하면 어떻겠습니까?" 그러자 그들은 즉각적으로 이렇게 말했다. "우리가 은혜와 감동이 넘치는 예배를 드리기 위해서는 어렵게 평양까지 올 필요가 없어요. 지금 봉수교회, 칠골교회는 '예수님의 이름으로' 우리에게 허락된 북한주민들과의 유일한 접촉점(Contact Point)입니다. 우리가 여기 와서 예배에 참석하기 때문에 교회가 유지되고 있습니다. 우리가 은혜 받기 위해 이 접촉점을 지워버릴 수는 없지요."

나는 순간 할 말을 잃었고, 부끄럽고 수치스러워 몸 둘 바를 몰랐다. 지금까지 북한선교를 위해 뭔가를 한다고 우쭐대던 내 우스꽝스러운 허상이 와르르 무너져 내리는 순간이었다. 그렇지만 그 순간은 북한선교를 위한 참된 꿈과 기도의 자리를 향한 새로운 출발이 이루어지는 축복의 시간이었다.

요즘 우리는 정말 어려운 시간을 보내고 있다. 나단과는 오랜 시간 소식이 끊겨있고, 매튜는 오래 전에 하나님의 부르심을 받았다. Y&P 부부는 조용히 다음 단계를 준비하며 기도 중에 있다. 이 어려운 시간에 나단의 꿈과 기도가 나를 일으켜 세워준다. 한 젊은 집사님이 십자가를 증거하고, 그리스도인의 삶을 보여주는 사업을 꿈꾸며 기도할 때, 하나님은 그의 꿈과 기도를 통해 수많은 또 다른 사람들을 꿈과 기도의 자리로 나오도록 역사해주셨다. 모든 관계가 끊겼다고 실망하고 원망하는 나를 하나님은 끊으려야 끊을 수 없는 삼겹줄로 단단히 연결시켜주시며 다시 일어나게 해주셨다. 젊고 어린 안내원한 사람을 돌보겠다는 작은 꿈이 무너져 내린 베이징의 한 모퉁이에서 하나님께서 친히 보여주시는 꿈의 사닥다리를 보며 하나님의 음성을 듣고 다시 또 새로운 꿈과 기도의 자리로 나오도록 인도해주셨다. 모든 것이 막히고, 끊기고, 무너져 있어도 하나님은 이루시고, 맺어주시고, 세워주신다. 하나님은 이루시고, 우리는 꿈꾸며 기도하자.

2) 릭(Rick)과의 만남, 한 번 더 꿈꾸고, 한 번 더 기도하고

어느 날, 북한의 한 식당에서 릭을 만났다. 릭은 조선족 3세로서 중국과 북한을 오고 가면서 사업을 하는 젊은이였다. 만나서 교제를 하는데 '뻥치는' 실력이 대단했다. 뻥의 크기도 엄청났고, 엮어나가는 솜씨도 굉장했는데 악의는 전혀 없었다. 그래서 우리는 금방 친해졌고, 마침 출국 비행기도 같아 함께 출국해 그의 사업처도 방문하고 주변의 사람들도 만나며 친분을 쌓아가게 되었다. 그의 주변에는 늘 사람들이 모여들었고, 사람들과 어울리는 솜씨도 대단했다. 또 그의 곁에는 그 지역에서 사업을 하는 사람들뿐 아니라 북한 안에 들어가 사업을 하거나 지원 사역을 하는 해외동포들도 많이 있어서 듣고 배우며 북한 사역에 대한 시야를 넓히는데 많은 도움을 받았다. 북한의 여러 도시 뿐 아니라 중국의 여러 도시에도 같이 일하는 사람들이 많아 함께 일하며 많은 도움을 받을 수 있었다. 그의 생긴 모습과 풍기는 분위기, 그렇게 일하며 살아가는 모습이 내가 좋아하는 영화 중 하나인 카사블랑카(Casablanca)의 주인공인 릭(Rick)을 닮아 그렇게 별명을 붙여줬다.

릭은 그 지역에 나와 있는 북한 관리들과도 좋은 관계를 맺고 지냈다. 또 그 지역에 외화벌이로 나와 있는 북한주민들과도 좋은 관계를 맺고 지내고 있었다. 그 외화벌이 나온 주민들을 돌보기 위해 접근하는 우리 동역자들과도 원만한 관계를 맺고 있어서 함께 일하기가 참 편했다. 그를 통해서 그 지역의 북한 관리들에 대해서 많이 듣고 배우게 되었다. 또 외화벌이 나온 북한주민들에 대해서도 듣고 배우며 기회를 만들어 교제하게 되었다. 그러면서 북한 안의 사역의 현장에서 만나 교제하는 범위를 넘어서는 친분관계를 맺게 되었다. 그분들을 우리는 친구라고 불렀다. 그 친구들을 통해 또 다른 차원의 사역을 꿈꾸며 기도하게 되었다.

미국시민 방북금지령이 내렸을 때는 릭이 길을 열어서 관계된 북한 관리들을 중국으로 출장 나오게 해 중국에서 함께 만나 지내는 시간도 가질 수 있었다. 그리고 그때가 우리 사역에서 정말 아름다운 꽃이 피어나는 시간이었다. 팬데믹 기간에도 릭을 통해 친구들의 소식을 간간히 들을 수 있었다. 또한 북한 내 사역 현장의 소식도 희미하게 듣고, 위해서 간절히 기도할 수 있었다.

릭을 위한 한 가지 기도제목이 있다. 그는 예배나 기도모임에는 계속 잘 참석하고 있으며 즐겨 피던 담배도 다 끊었는데 아직 믿음을 고백하지는 않았다. 가족 가운데 많은 분들이 믿고 있으며 형제들 중에는 목회자가 된 분도 있는데 정작 자신은 믿음의 고백을 하기가 어렵다고 한다. 참 좋은 사역의 동역자로 여기까지 왔는데 이제는 참 좋은 믿음의 동역자가 되기를 기도한다.

3) 요나단과 베키(Jonathan&Bekky)와의 만남, 'Repairer&Restorer's Club'의 꿈과 기도

요나단은 조선족 3세로서 중국의 상선학교를 졸업하고 화물선을 타고 세상의 온 바다를 누비다가 우리의 급식/진료팀에 들어오게 되었다. 베키는 미국의 한인 2세로서 명문 UCLA에서 석사학위를 받은 후, 아프리카 등 여러 지역에 나가 선교하다가 역시 급식/진료팀에 합류했다. 둘이는 같은 팀에서 참 열심히 일했다. 그러다 어느 날, 둘은 우리 사역팀 모두가 모인 자리에서 서로 손을 잡고 노래를 불렀다.

"동구 밖 과수원길 아카시아 꽃이 활짝 폈네, 하얀 꽃 이파리 눈송이처럼 날리네, 향긋한 꽃냄새가 실바람 타고 솔솔, 둘이서 말이 없네 얼굴 마주 보며 쌩긋, 아카시아 꽃 활짝 핀 그 옛날 과수원길"

우리는 "쟤네들 연애질 하나봐"라고 수군거렸는데 얼마 후 두 사람의 결혼 날자가 발표됐다. 둘은 6·25이후 북한 안에서 기독교 예식으로 결혼식을 올린 최초의 외국인이 되었고, 나는 그 주례를 맡아 예식을 진행하는 기쁨을 누렸다.

요나단과 베키 부부는 결혼 후 정말 열심히 그리고 아름답게 급식/진료사역에 헌신했다. 어린이 급식현장에 둘은 언제나 같이 있었다. 의약품 전달 현장에도 함께 있었다. 월동용 석탄 배달 현장에도 있었다. 공책 공장에 종이를 공급하는 현장에도 있었다. 유치원/탁아소의 새 건물 건축 현장에도 함께 있었다. 겨울 동안 무너진 건물들을 보수하는 현장에도 함께 있었다. 먹이고, 키우고, 공급하고, 세우고, 보수하는 현장을 부부는 함께 손잡고 지켰다. 둘의 모습을 지켜보는 모두가 'Repairer&Restorer's Club'의 꿈을 꾸며 기도하게 됐다. 멀리 떨어져있던 두 사람을 불러 맺어주시고 함께 아름답게 일하게 해주시는 하나님의 손길을 보며 우리 모두는 통일한국의 시대에 보수하는 자, 수축하는 자의 사명을 거뜬히 감당할 수 있음을 확신하며 기도하게 되었다.

두 사람은 미국시민 방북금지령이 내렸을 때도 각자의 자리를 지키며 함께 일했다. 특별히 팬데믹 사태를 통과할 때, 둘의 활약은 정말 빛이 났다. 배고픔의 아픔을 알고, 문화혁명과 그 후의 어려운 시간을 보낸 요나단의 함께 아파하는 마음과 미주 한인 2세로서의 넓고 확실한 네트워크를 가진 베키의 전문성이 합쳐졌을 때, 그 폭발력은 대단했다. 그 결과로 급식/진료사역은 멈추지 않고 앞으로 더 나갈 수 있었고, Repairer&Restorer's Club을 향한 우리의 꿈과 기도는 한걸음 더 앞으로 나갈 수 있었다.

요즘 이들 부부는 많이 아파하고 있다. 팬데믹 사태는 점점 길어지며 이상하게 진행되고 있다. 중국에 더 이상 머물 수도 없고, 사역의 현장은 꽁꽁 얼어붙어서 앞을 예측하기가 힘들다. 둘은 미국으로 들어와 지내고 있는데 잘 적응이 되지 않고 있다. 넓고 푸른 초장을 야생마 같이 달리던 둘은 지금 꽉 막힌 울타리 안에 갇혀 이리저리 부딪치고, 넘어지고, 상처받으며 아파하고 있다. 이민생활 50년의 막힘, 부딪침, 상처받음의 아픔을 아는 내게는 이 둘의 아픔이 남의 일이 아니다. 치유자, 회복시키는 자, 보수자의 역할을 감당하기 위한 기초작업이라며 마음을 다스려보지만 여전히 아픈 마음 가눌 길 없어 기도하게 된다. 기도하며 우리의 영원한 보수자, 수축하는 자, 치유자, 회복시키는 자 되시는 하나님 아버지의 품 안으로 모든 것을 던져버리는 길 밖에는 다른 길이 없다.

4) 기드온과 데비(Gideon&Debbie)와의 만남, '200 Businessmen's Club'의 꿈과 기도

바위 사역을 시작할 때, 하나님께서 나를 강권적으로 밀어 넣어주셔서 '밀어주고, 끌어주고, 넘겨주고'의 사역 원리를 세워주셨다. 그리고 이 사역 원칙 때문에 바위 사역은 크게 성장할 수 있었다. 생각하면 할수록 하나님의 은혜이자 도우심의 손길임을 확신하게 된다. 이 원리를 지킬 수 있도록 하나님께서는 바위같이 '묵묵히, 변함없이, 끝까지'라는 사역의 자세도 세워주셨다. 정말 하나님의 은혜다. 사역의 원리를 세우고, 그 원리와 원칙을 묵묵히, 변함없이, 끝까지 지켜나가기 위해서는 쉼 없이 기도해야 한다. 사역현장의 현실 때문에, 예상치 못한 돌발적인 상황 때문에 원칙을 무너뜨리며 타협하고 변신하고 싶은 유혹은 언제나 우리 앞에 있어왔다. 그럼에도 기도를 들으시는 하나님의 은혜로 여기까지, 오늘까지 원칙을 지킬 수 있었고, 자세를 유지할 수 있었다. 그리고 하나님께서는 이렇게 원칙을 지키고 자세를 유지하는 귀한 동역자들을 많이 만나는 축복을 내게 허락해주셨다. 그 귀한 동역자 가운데 기드온과 데비 부부가 있다.

이 부부는 미국 출신 한인 2세 사업가로 북한 사역을 시작했다. 처음부터 이분들은 흔히들 말하는 북한의 낮은 임금을 이용해 가격 경쟁력을 얻는 면에는 관심이 없었다. 북한의 다음 세대들의 뛰어난 잠재력을 키워 국제경쟁력이 있는 기업가와 기업으로 키우려는 목적을 가지고 시작했다. 사업을 시작하며 제일 먼저 직원들의 복지에 신경을 써 직원 모두가 자부심을 가질 수 있도록 힘썼다. 작업의 모든 과정을 동영상으로 찍어 기록으로 남겨 함께 연구했고, 그 기록을 거래 업체에 공개

했다. 항상 납품 일자를 지키는 일, 품질 제어(Quality Control)를 위해 책임을 지는 일을 강조하며 훈련을 시켰다. 거래업체도 국제적으로 경쟁력이 있는 고급 품목을 취급하는 업체와 계속 관계를 유지하기 위해 힘썼다. 이들은 그 안에서 장기 거주하며 직원들과 함께 생활하며 하나님의 사랑의 모습을 보여주기 위해 힘썼다. 정말 힘들고 거의 불가능에 가까운 원칙이었다. 그래서 쉼 없는 기도와 갈급한 두드림이 있었다.

미국시민 방북금지령이 내려졌을 때, 이들은 자신들을 대신해 그 안에 거주할 수 있는 동역자를 보내 직원들과 함께 지낼 수 있도록 했다. 팬데믹 사태 동안에도 또 다른 동역자가 그 안에 끝까지 머물며 함께 생활함으로 직원들과 주민들의 마음을 얻게 되었다. 상황 변화에 따른 변수가 생겨도 끝까지 함께 하며 책임지는 모습을 통해 그분들과 친구가 되었다. 자기들의 형편을 이용해 뭔가를 얻으려는 얄팍한 시도가 아니라 진심으로 자기들을 위해 애쓰는 그들의 모습을 직원들과 주민들이 먼저 알고 서로 친구가 되었다.

중국의 세관을 통해 물품이 오고가는 일이 금지되었을 때도 어린이용 모자와 목도리, 장갑 등을 만들어 급식/진료팀이 섬기는 유치원/탁아소에 보냄으로 직원들이 쉬지 않고 일할 수 있도록 했다. 극도의 식량난으로 직원들이 어려움을 겪을 때,

밖에서 모금하여 식량을 보냄으로 서로 몸은 떨어져 있어도 마음은 하나가 되어 함께 아파하며 어려운 시간을 보내고 있음을 보여주었다. 요즘은 공장의 모든 기계가 작동을 멈춘 상태이지만 중국 세관을 통과할 수 있는 작은 수공예품을 만들게 해 모든 직원들이 쉬지 않고 일할 수 있도록 일거리를 제공하고 있다.

이것이 200 Businessmen's Club의 꿈이고 기도다. 그 선두를 기드온과 데비 부부가 달리고 있다. 온 세상이 배고프다는 외침, 자기 소리를 좀 들어달라는 아우성, 자기 자신을 알아달라는 비명으로 넘쳐나고 있다. 그래서 200 Businessmen's Club의 꿈과 기도가 있다. 이 꿈을 위해 들어주는 귀가 필요하다. 품어주는 넓은 가슴이 필요하다. 밀어주는 손길이 필요하다. 그리고 무엇보다 우리 모두의 기도가 필요하다.

5) 갈렙과 애니(Caleb&Annie)와의 만남, 'Gospel Runner's Club'의 꿈과 기도

어느 날, 서울의 한 기도모임에서 갈렙 부부를 만났다. 갈렙은 '하나원'이 운영하는 교회를 섬겼고, 또한 서울의 한 대형교회 선교담당 부목사로 섬기고 있었다. 북한 사역에 대한 많은 지식과 정보를 가지고 있었다. 따라서 교제하는 분들도 다 이 분야에서는 내로라하는 쟁쟁한 분들로 교제 범위도 아주 넓었다. 갈렙과 사귀면서 나도 북한 사역에 대한 시야를 많이 넓혔고, 통일선교에 대한 체계적인 이론과 꿈도 깊이를 더할 수 있었다.

그러던 어느 날, 갈렙에게서 전화가 왔다. 자기 자신의 사역에 대한 한계를 느끼고, 또 북한 안에 직접 들어가 사역할 길을 찾기 위해 미국으로 유학을 왔다는 것이었다. 만나보니 뭔가가 좀 죽어있었으나 여전히 큰 소리는 '뻥뻥'치고 있었다. 온 가족이 함께 와서 신학교의 학생 전용 아파트에 들어가 어느 정도 자리도 잡힌 상태였다. 나중에 이리저리 들은 말에 의하면 서울에서 큰 상처를 받고 주저앉았다가 다시 일어서기 위해 유학길에 올랐다고 했다. 그렇게 해서 갈렙의 미국 유학생활이 시작됐다. 공부하고, 일하고, 자녀 키우는 미국 유학생활을 힘들지만 씩씩하게 잘 이겨나갔고, 어렵고 힘든 과정을 거쳐 미국 영주권도 취득했다. 그리고 갈렙의 '큰소리치는' 실력도 과일이 익어가듯이 서서히 향내를 풍기기 시작했다.

미국에서 살아가는 갈렙의 주변에는 여전히 사람들이 많이 모여들었고 나도 그 중의 한 사람으로 자주 만나곤 했다. 그들과 만남을 계속하면서 뭔가 변한 점이 보이기 시작했다. 모두가 북한 사역에 깊숙이 관여했지만 도중에 상처를 입고 넘어진 경험들이 있는 분들이었다. 지난날의 쟁쟁하던 패기는 사라졌지만, 뭔가 익어가는 향내를 풍기고 있었다. "이 산지를 내게 주소서"를 여전히 외치고 있는데 허풍 같다는 느낌은 전혀 없고, 이미 그 산지를 품고 있는 자의 무게를 느끼게 해주었다. 상처 입은 갈렙, 화이팅!

그 중의 한분이 갈렙(2)이다. 사역초기에 이분은 정말 멀리 멀리 앞장서서 달리고 있었다. 그러던 어느 날, 소식이 뚝 끊겼었는데 갈렙의 연결로 다시 만나게 되었다. 그는 현재 연해주에서 외화벌이 나온 북한주민을 돌보는 사역을 하고 있다. 아주 구체적으로 사역을 진행하고 있고, 그 규모도 제법 크다. 'Gospel Runner's Club'의 출발을 연해주로 잡고 기도하며 준비하고 있는데 하나님께서는 이미 앞서가며 준비를 하고 길들을 예비해주셨다. 또 하나의 상처 입은 갈렙이 거기서 우리를 기다리고 있었다. 실크로드를 따라 여기저기 상처받고 주저앉아 아파하는 이웃들에게 상처 입고 쓰러졌다 다시 일어선 갈렙들이 북한의 고아들과 함께 복음을 외치며 달리는 날이 가까이 다가오고 있다.

최근 미국 CSIS(국제전략문제연구소)의 빅터 차 석좌교수는 통일의 날이 갑자기 찾아 올 것이고, 그 '갑자기'는 결코 멀지 않다고 말했다. 이제는 정말 정신 바짝 차리고 준비할 때다. 준비하면 통일의 날은 복된 날인데, 준비 없으면 큰 어려움의 날일 수도 있다. 나는 집필하는 이 책이 나오면 곧 실크로드를 달리기를 기도하며 준비하고 있다. 우리 가스펠 러너들이 달려갈 길을 앞서 가며 점검해 보고 싶다. 모세가 느보산에 올라 이스라엘이 들어가 차지할 가나안 땅을 멀리서 바라보듯이 나도 우리 가스펠 러너들이 복음을 외치며 달려갈 그 땅을 일일이 바라보고 점검하며 기도하고 싶다.

제5장
기도모임 보고

제5장

기도모임 보고

**1) 연합기도, 젊은 바위(Young Vowe) 기도모임-
'거의' 장로를 세우다**

　제1회 바위기도모임은 2004년 4월 15일(목요일) 김대평 목사 집에서 22명의 기도회원이 모인 가운데 진행됐다. 정기 이사회 모임을 겸해 모였고, 비영리단체 등록, 은행계좌를 여는 일, 이사 명단 확정, 협력단체와의 공조사항 등을 결의했다. 합심기도 시간에는 선교회 3대 비전인 1)북한의 복음화와 예배 회복 2)북한의 다음세대를 복음의 용사로 양육 3)주 안에서 남과 북이 복음으로 통일되어 세계복음화에 쓰임 받기를 위해 기도했다. 그 후, 9월 2일(16명), 12월 22일(21명)에 부정기적으로 기도모임을 가졌다.

2005년 1월부터는 김대평 목사가 '생명의샘선교교회'의 임시 담임목사로 섬기는 동안에 교회에서 매주 기도모임을 가졌다. 2006년 2월 18일, L장로 댁에서 다시 정기 기도모임(27명)을 갖고 그 기도모임을 제2회 바위기도모임이라고 기록하며 두 달에 한 번씩 정기적으로 기도모임을 갖기로 했다. 2006년 12월 2일 제8회 기도모임 후에는 'Young Vowe'회원들을 독립시켜서 2007년부터는 연합기도모임은 홀수 달에, Young Vowe 기도모임은 짝수 달에 모이기로 결정해 2022년 12월까지 매달 기도모임을 갖게 되었다. 2023년 1월에는 리더십의 변화가 있었고, 2기 사역팀의 결정으로 다시 연합기도모임과 Young Vowe 기도모임을 통합해 매달 모이고 있다.

Young Vowe 기도모임과 연합기도모임이 독립되어 매달 두 번째 토요일에 정기적으로 모이기로 했다. 또한 라스베이거스 기도모임과 빅토빌 기도모임도 매달 두 번째 목요일에 모이기로 결정, 매달 두 번째 주간은 '기도하는 주간'으로 확정되었다. 따라서 모든 행사의 일정을 계획할 때는 두 번째 주간은 피하기로 했다. 젊은 회원들의 결혼 날자도 두 번째 토요일은 피해 잡게 되었다. 우리 모두는 이 기도하는 일을 가장 중요하게 생각하며 생활해 나갔고, 그 과정에서 우리 모두가 함께 성장하는 기쁨을 누렸다. 그리고 이 기도모임을 통해 함께 자라며 2기 사역팀 리더십 구성도 자연스럽게 이루어졌다.

매달 두 번째 주간에 기도모임을 갖기로 결정함에 따라 방북 일정도 자연스럽게 조절하게 되었다. 방북 일정을 잡을 때는 여러 사항을 고려해야 하는데, 두 번째 주간의 기도모임과 겹치게 되면 기도모임 일정을 지키고 방북 일정 자체를 포기하기도 했다. 어떤 경우에는 중국까지 갔다가도 방북 일정이 변경되어 기도모임 일정과 충돌하게 되면 포기하고 돌아오기도 했다. 우리 자신에게 기도모임의 중요성을 다짐하는 계기도 되고 북한의 관계부처에게도 기도하는 일에 대한 우리의 자세를 알려주는 기회가 되었다. 하나님은 우리의 정기적으로, 변함없이, 쉬지 않고 드리는 기도를 기쁘게 받으셔서 정말 귀한 역사를 많이 이루어주셨다.

북한 안에 들어가서 사역을 결정하는 일에 나는 언제나 'Yes'와 'No'를 분명히 했다. 그리고 우리가 마땅히 해야 할 일인데 규모가 너무 크거나 우리 형편에 맞지 않을 때는 북한의 관리들에게 이렇게 말했다. "우리 형편 잘 알지요? 집에 가서 함께 기도하는 분들과 의논할게요." 정말 신기하게도 "가서 의논할게요"라고 말한 것들은 하나님께서 다 채워주셔서 감당할 수 있게 해주셨다. 그러자 언젠가부터 그 관리들이 "목사님, 이건 집에 가서 의논해주세요"라고 말하기 시작했다. 한 번은 새로 북한 사역을 시작하는 젊은 사역자가 그 안의 누군가가 나를 만나 의논해 보라고 했다며 찾아오기도 했다.

사역의 초기였다. 북한의 관리 한 명이 우리를 참 못살게 굴며 괴롭혔다. 어떤 때는 그 관리 때문에 방북 일정을 포기하고 싶을 때도 있었다. 모든 기도회원들과 함께 정말 간절히 기도했다. 그런데 얼마의 시간이 지나면서 우리 동역자들은 그의 말투가 많이 변하고 있다는 생각을 하게 됐다. 여전히 우리의 속을 썩이는 짓은 계속했지만 말투는 점점 은혜로워졌다. 그래서 '하는 짓만 고치면 모든 면에서 장로 감'이라는 의미에서 그를 '거의(Almost) 장로'라고 불렀다.

그리고 또 얼마의 시간이 지났을 때였다. 젊은 동역자 한 명이 그 안에서 매우 어려운 일을 당했다. 우리 모두가 간절히 기도했는데, 정말 기적처럼 그 문제가 해결되었다. 그리고 시간이 흘러 돌고 돌아 들려온 말에 의하면 그 일의 해결을 위해

'거의 장로'가 결정적인 역할을 했다는 것이었다. 그 후에도 몇 건의 어려운 일이 생겼는데 역시 '거의 장로'가 문제 해결에 큰 역할을 했다는 말이 우리들 사이에서 떠돌았다. 그러자 언제부터인가 우리 동역자들 사이에서는 '거의 장로'를 '거의 장로님'이라고 부르기 시작했다.

"왕의 마음이 여호와의 손에 있음이 마치 봇물과 같아서 그가 임의로 인도하시느니라."(잠 21:1)

2) 라스베이거스(Las Vegas), 빅토빌(Victorville) 기도모임-
산 넘고 물 건너 멀리 멀리 퍼져나가는 기도의 물결

제1회 라스베이거스 기도모임은 2009년 7월 31일 J권사님 댁에 14명이 모인 가운데 시작됐다. Young Vowe 회원 중 한 분이 라스베이거스에 사는 가족을 방문해 바위기도모임에 대해 알려주고 받은 은혜를 나눔으로 기도모임이 시작됐다. 첫 번째 기도모임에서 함께 기도하는데 모든 분들이 정말 순수하게 이웃의 아픔을 자신의 아픔으로 받아 뜨겁고 간절히 기도했다. 그래서 매달 두 번째 목요일 저녁에 모여 기도하기로 했다.

　시간이 지나면서 기도모임은 점점 자리를 잡아가게 되었는데 이상한 소문도 들렸다. 내가 북한선교를 한다고 떠돌다가 빈털터리가 되어 라스베이거스에 가서 도박을 하며 남들에게는 기도모임을 한다고 떠들어댄다는 것이었다. 또 실제로 우리 젊은 회원들 중에는 노골적으로 라스베이거스 기도모임을 반대하는 이도 있었다. 그래서 이런 분들을 데리고 가서 함께 기도모임을 했는데, 한 번 참석한 분들은 모두 열렬한 라스베이거스 기도모임 지지자들이 되었다. 특별히 미국 방문 중에 라스베이거스 기도모임에 참석했던 동역자들은 남다른 감동을 받았다. 이들은 기도모임 중 사역 발표 시간에 "아멘, 아멘" 하며 뜨겁게 반응했다. 우리가 사역 내용을 줄줄이 외우며 위해서 기도하고, 사역자들 가족의 이름을 하나하나 부르며 기도하는 것을 들으며 깊은 감동을 받았다. 이 소문이 동역자들에게 퍼져 라스베이거스 기도모임에 참석하기 위해 휴가를 내 기도모임에 참석하는 동역자도 있었다.

　제1회 빅토빌 기도모임은 2014년 5월 15일(목요일) M집사님 댁에서 5명이 모인 가운데 시작됐다. 우리는 라스베이거스 기도모임을 가다가 빅토빌에 사는 M집사님 부부와 함께 점심을 먹곤 했다. M집사님 부인 Y집사님은 사고로 허리를 크게 다쳐 휠체어에 의지해 생활하고 있어 심방을 겸해 그 지역의 맥도 널드에 함께 모여 점심을 먹었다. 그러다 어느 날, M 집사님이 가벼운 심장마비가 와 운전을 할 수 없어 집으로 찾아가게 되었다. 그렇게 해서 빅토빌 기도모임이 시작됐다. 이 역시 시간이 지나면서 누구나 한 번 참석해서 기도하기 원하는 기도모임으로 성장해 갔다. 특별히 Y집사님이 휠체어에 몸을 의지한 채로 정성껏 준비한 점심식사를 대접받은 분들은 그 음식 맛을 결코 잊을 수 없다며 기도모임에 힘써 참석했다. 후에 M집사님은 심장병으로 하나님의 부르심을 받았고, 부인 Y집사님은 그 지역의 양로병원으로 옮기게 되었다. 놀랍게도 하나님의 기적으로 Y집사님은 현재 휠체어를 타지 않고 자유롭게 걸어 다닐 수 있게 되었다. 그리고 그 양로병원에서 자칭 예배부장이 되어 예배드리고 기도하는 일에 힘쓰고 있다. 빅토빌 기도모임은 K권사님 댁에서 지금도 열정적으로 열리고 있다.

이렇게 기도모임은 계속해서 확장되어 갔다. 서울, 산타바바라, 댈러스, 루이지애나, 미네소타에서 바위기도모임으로 모이고 있다. 팬데믹 기간에도 줌이나 카톡을 통해 기도모임은 계속되었고, 선샤인(Sunshine), 인터내셔널 바위 기도모임이 시작됐다. 그리고 하나님께서는 미네소타의 데이빗 목사님을 통해 다시 한 번 큰 은혜의 역사를 일으켜 주셨다.

2017년 6월 13일부터 8월 16일까지 두 달이 넘는 기간 동안 중국의 한 조선족 교회의 학생 15명과 선생님 3명 등 18명이 미네소타에서 하기학교를 하게 되었다. 하기학교를 하는 두 달 동안 그 지역 미국교회에 선교의 열정이 타오르게 되었고, 특별히 북한선교에 헌신하기로 결단하는 분들이 많이 나왔다. 기도를 들으시는 하나님께서 우리 모두에게 힘을 주시는 은혜의 역사였다.

어느 날, YS 선생님에게서 전화가 왔다. 우연히 북한의 어떤 지역에서 H를 만났다며 그와 나눴던 이야기를 전해왔다. H는 내가 캐나다와 미국의 청년들과 함께 북한을 방문했을 때 우리와 함께 약 10일간 지냈던 북한 관리였다. H는 그때 보고 경험했던 3가지 일을 계속 이야기했다고 한다. 당시 동행한 젊은 이들이 몸이 아프거나 힘들면 나를 찾아와 기도를 부탁했고, 나는 그들과 손을 잡고, 때로는 머리에 손을 얹고 간절히 기도하곤 했는데 그 모습이 너무 보기 좋았고 자기도 같이 기도하고 싶었다고 한다.

백두산 등정에서 천지에 내려가는 일이 있었다. 수많은 계단을 따라 내려갔다 올라오는 일이 내 나이로는 힘들다고 모두 만류하는데 나는 "같이 가야 한다"며 끝까지 함께 했다. 천지에 발을 담근 채로 서로 손을 잡고 기도하는데, 자기도 함께 손잡고 기도하고 싶었다고 말했다. 백두산에서 내려와 삼지연에서 출발하려는데 갑자기 비가 쏟아졌다. 모두가 걱정하고 있는데 우리 일행이 비를 맞으며 서로 손을 잡고 비가 그치게 해 달라고 기도하는 모습도 그렇게 보기 좋아 자기도 함께 비를 맞으며 손을 잡고 기도하고 싶었다고 한다. 이는 H가 YS 선생님에게 전한 말이다. 북한선교를 오래 하신 YS 선생님은 뭔가 열매가 없어 이젠 그만 둘까 생각 중이었는데 H와의 만남을 통해 새 힘을 얻었다고 고백했다.

"쉬지 말고 기도하라!"

이는 하나님의 말씀이다.

3) 방북 일정을 위한 준비기도모임-목사님, 나 담배 끊었어요!

방북 일정과 관련, 우리는 항상 정기기도모임이 끝난 토요일 다음 날인 주일날 밤 11시 30분에 출발해 화요일 새벽에 인천을 거쳐 중국으로 들어가 다음 날인 수요일에 북한으로 들어갔다. 정기 기도모임이 있는 토요일부터 뒤로 4번의 주일 저녁에는 방북팀 모두 함께 모여 준비기도모임을 가진다. 그리고 4주간의 준비기도모임을 마친 후 정기기도모임 때 함께 기도하며 파송의 기도를 받고 방북 일정을 시작했다. 준비기도모임에서는 다음의 사항을 함께 나누며 기도했다.

1. 여행의 일정을 처음부터 끝까지 살피며 위해서 기도했다.
2. 일정에 따라 북한 안에서 만날 사람들이 결정되면, 그들과 가족들, 관계된 사람들을 살펴보며 기도했다.
3. 가지고 갈 소지품, 복장, 대화 중에 조심해야 될 말들, 방북 비용을 살피고 함께 기도했다.
4. 방북 인원은 10명 이하로 구성하고 언제나 짝수로 정한다. 한 방에 2명씩 들어가게 하고, 따라서 한 방에서 같이 지내야할 사람을 정하고 함께 기도했다.
5. 로마서 12장 전체를 암송하고, 그 안에서 함께 부를 찬송도 기억하며 함께 기도했다.

방북 일정이 시작되면 기도하며 준비한대로 사람들을 만나게 된다. 얼굴은 처음 보지만 이미 기도 중에 만났기 때문에 낯설지 않다. 반갑게 이름을 부르고 때로는 자녀의 이름도 불러주고 안부를 물으면 얼떨떨해 하면서도 좋아한다. 그러면 기도하면서 이름을 기억했고 자녀들의 이름도 알았다고 말하며 자녀들을 위한 작은 선물도 전한다. 그러면 그 자리는 명절에 가족들이 모인 것 같은 따뜻하고 정겨운 자리가 된다. 그렇게 방북 일정은 계속되고 우리의 기도도 쉬지 않고 계속되었다.

처음 사역을 시작할 때, 그 안에서 좋은 사람들을 만나게 되기를 간절히 기도했다. TC와의 만남도 그렇게 이뤄졌다. 첫날 함께 점심식사를 하기위해 식당으로 갔다. 밥을 먹으려는데 파리가 몇 마리 날아다녔다. 무심코 젓가락으로 툭 치니 한 마리가 떨어졌다. TC가 놀란 표정으로 쳐다보는데 다시 한 번 젓가락으로 툭 치니까 또 한 마리가 떨어졌다. 내가 무술의 고단자로 등극하는 순간이었다. 그런데 한참 있다 또 한 마리가 날아다니기에 툭 쳤더니 또 떨어졌다. 완전 대박, 금메달을 목에 거는 순간이었다. TC는 상당히 존경하는 눈치를 보이며 내 말을 잘 들어줬고 우리는 친구가 되었다. 그리고 얼마 후 우리는 다시 만나 서로 농담도 주고받았다. TC가 느닷없이 동행하는 젊은 일행들에게 "목사님이랑 같이 다니면 재미있겠어요"라고 말했다. 그러자 일행 중의 한명이 이야기했다. "아니에요.

목사님이 얼마나 구두쇠인지 아세요? 우리를 싸구려 여관방에 넣어서 벌레한테 물리게 했어요. 이것 보세요. 벌레에게 물린 자국." 그는 "왜 그랬느냐?"고 물었고, 나는 "하룻밤 벌레에게 물리면 여기 와서 쓸 돈이 그만큼 많아지는데 고생은 무슨 고생이야.[그때 그분들의 한 달 생활비가 중국 돈 100위안(15달러 정도)이었다. 제한된 예산에서 절약하면 몇 달 생활비를 남겨 주고 갈 수 있다.]"라고 말했다. 내 대답을 들은 TC는 울컥하며 눈물을 글썽거렸고, 이후 우리는 정말 좋은 친구로 지내게 되었다. 기도를 들으시는 하나님께서 하신 일이다.

SS는 70명 정도의 직원이 일하는 공장의 지배인이다. 한국 드라마에 자주 등장하는 악역 전문 탤런트를 똑 닮았는데 마음은 참 착했다. 우리는 그 공장을 시작할 때 지원했고, 방북할 때마다 방문했다. SS는 줄담배를 피우는 골초였다. 우리는 준비기도모임 때, 그를 위해 기도하면서 특별히 담배를 끊게 해 달라고 참 많이 간구했다. 우리가 공장을 방문했던 그날도 SS는 여전히 줄담배를 피우고 있었다. 내가 말했다. "당신 참 미남이다. 그런데 그 담배연기가 잘생긴 얼굴을 가려서 희미하게 보이게 하니 참 아깝다." 그러자 그는 물끄러미 나를 쳐다보더니 담뱃갑을 꺼내 옆에서 타고 있는 화톳불에 던져 넣으며 말했다. "목사님, 나 오늘부터 담배 끊었어요. 정말이에요." 우리 모두는 박수를 치며 환호성을 올렸다. 우리가 자랄 때에는 큰 결심을 할 때, 특별히 예수 믿겠다는 말을 할 때엔 "나 이제부터 담배 끊는다"라고 말했었다. 그때를 생각하며 SS를 바라보는 내가 엉뚱하게 앞서 가고 있는 걸까?

4) 북한 안에서 드리는 예배와 기도모임- 원 세상에, 미국 살면서 교회를 안 다녀?

방북할 때마다 우리는 특별한 일이 없으면 보통 수요일 오후에 평양에 도착해 토요일 아침식사 후 중국으로 출발한다. 그러면 매일 아침과 저녁에 방문단 일행이 내 방에 모여 6번의 예배를 드리게 된다. 예배는 찬송, 대표기도, 말씀선포, 광고와 통성기도, 찬송, 축도 순으로 진행된다.

1. 말씀은 늘 다음과 같은 내용으로 전한다. *예수님께서 우리 위해 십자가에 달려 죽으시고 부활하심으로 우리가 구원받은 자가 되어 여기까지 왔다. *구원받은 자의 감격을 가슴에 품고 앞을 내다보고 주위를 살펴보면 우리가 져야할 십자가가

눈에 보인다. *오늘도 내 십자가를 감사함으로 지고 예수님의 뒤를 따르는 충성된 하나님의 사람이 되자.

2. 광고 시간에는 그날의 일정을 살피고, 주의해야할 일들을 점검한 후 로마서 12장의 말씀 중 한 두 구절을 암송하고 통성기도를 한다.

3. 찬송은 '왕이신 나의 하나님, 내가 주를 높이고, 영원히 주의 이름을 송축하리이다'를 반복해서 몇 번 부른 후 축도로 예배를 마친다.

4. 보통의 일정을 따르면 8번의 식사를 하게 된다. 그 식사의 자리에는 우리 일행 외에 안내원과 관계된 북한 관리들이 동석한다. 그리고 그 식사를 위해 우리 중 한 명이 대표로 기도한다. 6번의 예배와 8번의 식사기도는 우리 방북단의 가장 중요한 일정이기에 이를 위해 많이 기도하며 준비한다. 예배 중의 순서와 식사기도를 위해 미리 담당자를 정하고, 충분히 준비한 후 방북길에 오른다. 그 안에서 진행되는 사역들은 정말 복되고 중요한데, 이 사역들로 인해 우리가 그 안에서 예배를 드리고 식사기도를 드릴 수 있도록 길을 열어주는 통로가 되기에 더 중요하고 더 큰 의미를 가지게 된다.

5. 평양에서 고아원 사역의 일정을 마치고 중국으로 나온 후, 다시 급식/진료사역의 현장인 라진 선봉을 방문해 거의 같

은 일정으로 예배와 식사기도를 드린다.

북한에 도착하여 숙소로 정해진 호텔에 이르면 내게는 특별한 방이 배정된다. "목사님은 단장님이시고 연세도 많으시니 크고 좋은 방을 다른 방과 같은 가격으로 드립니다"라는 말과 함께. 그 방은 도청장치가 되어있는 방이다. 처음엔 좀 꺼림직했지만 다시 생각해 보니 하나님께서 특별히 마련해주신 귀한 선물이었다. 그래서 내 방에서 모든 모임을 가졌고, 특별히 예배는 언제나 내방에서 드렸다.

1. 일행 중에는 다른 방에서 예배를 드리자는 의견도 있었지만 그대로 내 방에서 드렸다. 이런 다짐을 했다. 예배는 하나님께 드리는 것이니 참된 예배자의 자세를 갖추자. 이 시간, 이 지역에서 예수 그리스도의 이름으로 모여 하나님께 예배드리는 자가 우리 밖에는 아무도 없다는 절박한 심정으로 예배드리자.

2. 다른 사람들이 보고 듣는 중에 기도하고 예배드린 자답게 말하고 행동하자.

3. 확인된 바는 없지만 믿는 사람들이 방문할 때는 관계된 사람들이 성경공부를 한다는 말이 있다. 생각 밖으로 그들은 교회는 물론 성경구절에 대해 아는 것이 많다. 따라서 우리의

말과 행동자세를 겸손하고 단정하게 유지하는 것이 필수적이다.

  4. 정한 시간에 예배를 드림으로 안내원들과의 별다른 교제의 시간을 제한한다. 많은 경우 그 교제의 시간에서 말실수를 하는 등 문제가 발생하기 때문이다.

  이렇게 우리는 예배드리고 방북 일정을 진행했다. 그 안에 들어가면 아침과 저녁, 정해진 시간에 확성기를 통해 북한노래가 들려온다. 듣다 보면 우리도 모르는 사이에 그 멜로디를 흥얼거리게 된다. 그래서 우리도 예배 중에, 또한 차를 타고 장거리를 달릴 때는 찬송가를 많이 불렀다. 주로 6·25전에 부르던 찬송가를 중심으로 불렀다. 이 찬송가의 멜로디가 널리 퍼져 그 안의 많은 사람들이 흥얼거리기를 소망하면서.

  우리가 그 안에 들어가 일정을 조율할 때, 만나고 싶은 사람들과 방문하고 싶은 장소 등을 말하면 통과되지 않을 때가 많다. 그런데 하나님께서는 만나고 싶은 바로 그 사람을 지하도 입구에서, 식당에서, 많은 사람이 오고가는 길 한가운데서 딱 마주치게 해서 만나게 해주셨다. 때로는 갑자기 일정이 변경되면서 가기를 원했던 장소를 방문할 수 있도록 인도해주셨다. 안내원은 이상하다고 고개를 갸우뚱했지만 우리는 예배를 받으시고 기도를 들어주시는 하나님의 손길을 느끼며 감사했다.

어느 날, 제이크(Jake)의 전화를 받았다. 제이크는 미국 LA 지역에서 활동하며 여러 단체의 책임자로 섬기는 분이다. 그의 주변에는 늘 사람들이 모여들었고, 함께 있으면 웃을 일이 많이 생겼다. 제이크가 북한을 방문하여 안내원 C를 만난 이야기를 들려주었다. 어느 날, 그는 저녁식사 후 C와 단 둘이서 대화의 시간을 가졌다. 대화 도중 C가 "교회는 나가냐?"고 물었다. 제이크는 당황해서 우물쭈물하며 대답을 못하고 있으니까 "원 세상에, 미국 살면서 교회를 안 다녀?"라면서 혀를 차더란다. 제이크는 내게 "나 원 참, 이북 가서 전도 받고 왔어요"라고 말했다.

"원 세상에, 미국 살면서 교회를 안 다녀?"

두고두고 생각하며 반복해서 자신에게 물어보아야 할 말이다.

5) 북한에서 만난 사람들을 위한 나의 기도-
목사님, 우리 아들이 새 직장을 얻었어요!

2002년 3월, 북한을 처음 방문한 첫날밤이었다. 새벽 2시경, 발에 심한 쥐가 났고, 온 몸이 가위눌린 듯이 조여와 답답해 잠이 깼다. 온 몸에 식은땀이 흘러 좀 식히려고 불을 키려하니 불이 들어오지 않았다. 화장실 물도 끊겨있어서 그냥 침대에 누워 기도하는 외에는 할 수 있는 일이 없었다. 그렇게 해서 북한에서 만난 사람들을 위한 기도가 시작됐다. 새벽 2시, 캄캄한 방안에서 침대에 누워 속으로 찬송을 부르고, 성경구절을 암송하고, 사람들의 이름을 속으로 부르며 기도하는 일이 시작되었다. 이것은 집에 돌아와서도 계속되었다.

나는 나성한미교회를 섬길 때, 교우님들과 그 가족들의 이름을 외우고 기도하는 일에 많이 힘썼다. 새벽에 기도 중에 점호하듯이 교우님들의 이름을 불러나가면 어떤 때는 더 이상 나가지 못하고 그 이름을 계속 부르며 뱅뱅 돌게 될 때가 있었다. 그러면 그 이름을 적고 다시 계속했다. 그리고 낮에 그 교우님에게 전화를 걸어 별 일 없냐고 물으면 "오, 목사님 어떻게 아셨어요?" 하면서 일어난 일들을 알려주면서 적절한 심방이 이뤄졌고, 내 목회는 은혜의 열매를 맺으며 진행됐다. 은퇴한 뒤에는 후임 목사에게 기도명단을 넘겨줬기에 새벽에 많이 허전했었는데 하나님께서 북한 안에서 사람들을 만나 그들을 위해 기도하게 해주셨다. 그때, 나는 '북한의 모든 사람이 내 교인이다'라고 여겼고, 그 중에 만나고 이름을 기억하게 된 분들은 '등록교우님'이라 생각하며 위해서 간절히 기도했다.

  하나님께서 등록교우님들을 많이 허락해주셔서 쉬지 않고 기도할 수 있었다. 그들을 위한 나의 기도는 이렇게 진행된다. 먼저 만난 순서대로 기도한다. 사역이 성장함에 따라 그 사역에 관계된 사람들의 이름을 부르며 기도한다. 사역이 성장하는 가운데 아찔한 사건들도 일어났는데, 그 사건에 관련된 사람들의 이름을 부르며 기도할 때는 뜨거운 감동이 몰려오며 감사가 넘치게 된다. 때로는 하나님께서 신비한 방법으로, 내 힘으로는 만날 수 없는 사람을 만나게 해주셔서 그 사람의 자녀뿐 아니라 손자, 손녀, 사돈까지 이름을 받아 기도하는 기쁨도 누렸다. 국경을 통과할 때 제일 처음 만나는 보초병, 세관원, 그 틈새를 비집고 약삭빠르게 끼어드는 꽃제비들, 이어서 유치원/탁아소의 아이들과 선생님들…. 그들 모두를 등록교우님이라고 생각하며 이름을 부르며 기도한다. 기도하다보면 이미 그 땅을 밟게 된다. 거기서 이리 뛰고 저리 뛰며 주변에 있는 아이들의 머리를 쓰다듬어주며 미국에서 가지고 온 캔디를 슬쩍 건네주느라 정신이 없다. 그것이 그렇게 기쁠 수 없었다.

"하나님 아버지, 오늘도 이렇게 귀한 등록교우님들을 기도로 섬기며 만날 수 있게 축복해주셔서 감사합니다."

처음 만난 북한사람들은 이름을 물어도 잘 주지 않는다. "왜 이름을 달라고 하느냐?"고 계속 묻는다. 그러면 나는 "오늘의 만남이 너무 귀해 가슴에 품고 생각하려 한다"고 말한다. 대부분의 사람들은 그렇게 말하면 이름을 주는데 어떤 사람은 자기 자녀 이름을 엉터리로 줄 때도 있다. 나는 그 이름을 기억해 기도하고 다시 만날 때마다 그 자녀의 이름을 부르며 안부를 묻고 때로는 선물도 준다. 그러면 그 사람은 내게 "목사님, 내 아들의 그 이름을 어디서 얻었나요? 내 아들의 진짜 이름은 OO이에요"라고 말한다. 그러면 나는 다시 그 진짜 이름을 부르며 기도한다. 내가 암수술을 받고 미국시민 방북금지령이 내려진 후, 북한 방문길이 오래 끊겼다. 그 안에서 장기거주하며 현장사역을 담당하는 동역자들로부터 때때로 소식이 온다. "목사님, 누구누구, 기억나지요? 그분들이 새벽마다 목사님을 가슴에 품고 생각한데요."

모든 것이 막히고 끊겨 있는 듯 보이지만 새벽마다 열리고 맺어지는 기도는 계속되고 있으니 북한선교는 현재진행형이다!

사역 초기, 나는 아찔한 실수를 했다. 여럿이 같이 모여 대화하는 가운데 그 중 한 사람의 아들의 안부를 물으며 위해서 기도한다고 말했다. 그는 버럭 화를 내며 "기도 필요없습니다. 기도하지 마세요"라고 눈알을 부라리며 말했다. 나도 멋쩍어 하면서 입을 닫았다. 얼마 후, 다시 만난 그는 슬며시 내게 "그때, 화를 내서 미안합니다"라고 말했다. 자기 아들은 덕분에 잘 있다는 말을 덧붙이면서.

어느 날, 중국의 한 식당에서 몇 명의 북한 관리와 만나게 되었다. 막 식사를 시작하려는데 내게 전화가 걸려왔다. 그 지역의 2세 동역자로 나를 꼭 만나기 원한다고 했다. 북한 관리들은 예정에 없던 외부인들과 만나는 일을 아주 꺼려하기 때문에 "내일 만나자"고 말했는데 계속 지금 만나겠다고 고집을 피웠다. 겨우 전화를 끊고 음식을 먹으려 하는데 "목사님, 기도해주셔야지요"라는 소리가 들렸다. 앞을 보니 북한 관리들 모두가 식탁 위에 손을 가지런히 모은 채로 내가 기도해 주기를 기다리고 있었다. 지금도 정신없이 지내다 몸이 피곤해 기도를 건너뛰고자 하는 마음이 들면 "목사님, 기도해주셔야지요"라는 음성이 들려와 나를 기도의 자리에 앉게 한다.

어느 날, 조선족 동역자 K에게서 전화가 왔다. 우리 사역에 협력하는 북한 관리 JK의 말을 전달하기 위해서였다. JK와 나는 직접 만난 적은 없이 서로 이름만 알고 지내고 있었다. K는 JK의 아들이 이번에 중요한 직책을 맡아 일을 시작하게 되었다면서 아들의 이름과 직책을 나에게 꼭 전달해 달라는 부탁을 받았다고 했다.

"목사님, 우리 아들, 우리 딸, 새 직장을 얻었어요!"

참 많이 들어 귀에 익숙한 말이다.

그 다음에 들려오는 "기도해주세요"라는 말이 내 귀에 맴돌고 있다. 내가 지금 너무 오버하고 있는 것 아닐까?

"하나님 아버지, 작은 것에도 감사하며 행복해하는 이 순수하고 맑은 영혼을 가진 귀한 분들이 하루의 일을 마치고 교회에서 들려오는 종소리를 들으며 예수의 이름으로 감사기도를 드리는 날을 속히 허락해 주시옵소서."
이 기도는 지금도 계속되고 있다.

제6장
북한에서 만난 친구들

제6장

북한에서 만난 친구들

1) M1과의 만남-주 안에 있는 나에게 딴 근심 있으랴

어느 날, 중국의 한 국경도시의 안전가옥에서 M1을 만났다. 그 지역에서 사업을 하는 2세 동역자들이 마련한 모임에서였다. 여러 종류의 대화가 오가며 서로에 대해 조금씩 알게 되었을 때였다. M1이 느닷없이 말했다. "목사님, 내가 찬송가 하나 불러도 될까요?"

"주 안에 있는 나에게 딴 근심있으랴, 십자가 밑에 나아가 내 짐을 풀었네. 주님을 찬송하면서 할렐루야 할렐루야. 내 앞길 멀고 험해도 나 주님만 따라가리."

M1은 이어서 2절을 불렀고, 다시 3절을 부르기 시작했다.

"내 주는 자비하셔서 늘 함께 계시고 내 궁핍함을 아시고 늘 채워주시네."

여기까지 부르고 M1은 퍽 쓰러지면서 흐느껴 울기 시작했다. 우리 모두도 함께 울었다. 한참 울던 M1은 절규하듯 고백했다. "목사님, 하나님은 살아계십니다. 우리의 사정을 다 보고 알고 계십니다." M1은 계속해서 4절을 부르기 시작했고, 우리 모두도 함께 따라 불렀다.

"내 주와 맺은 언약은 영 불변하시니 그 나라 가기까지는 늘 보호하시네. 주님을 찬송하면서 할렐루야 할렐루야. 내 앞길 멀고 험해도 나 주님만 따라가리."

찬송은 계속되었고 이어서 기도가 드려졌다. 마가 다락방의 재현이 이루어지고 있었다.

M1은 북한 한 도시의 중견간부였다. M1은 자신의 가족 내력을 세세히 알려주었고, 가족들의 이름도 사돈의 팔촌까지 다 알려주며 기도를 부탁했다. 우리가 궁금해하며 물어보는 것들에 대해서도 성실하게 대답해 주었고, 우리가 그 안에 들어가 조심해야 할 것들도 알려주었다. 하나님께서 사역의 첫 발을 내딛는 나에게 주시는 특별한 선물이었다. 그 후에 M1을 다시는 만날 수 없었지만 지금도 계속해서 M1의 온 가족을 기도 중에 만나고 있다.

M1은 많은 찬송가를 외워 불렀고, 성경구절도 참 많이 외우고 있었다. 부끄러운 말이지만 나는 '목사 짓'을 열심히 한다면서도 찬송가를 부르다 감격해서 울어본 적도 없었고, 찬송가나 성경구절을 그렇게 철저히 외우지도 못했다. M1과의 만남은 하나님께서 북한 사역을 위해 나를 새롭게, 철저히 재무장 시켜주시는 유격훈련장과 같았다.

우리는 헤어지면서 M1에게 약간의 감사를 표하려고 했다. 그러자 M1은 정색하며 말했다. "오늘 만나줘서 고맙습니다. 다 털어놓고, 찬송을 부르고, 함께 기도를 드리니 정말 힘이 납니다. 고맙다고 말해야 할 사람은 바로 납니다." 그의 말을 들으며 사도행전 28장 15절에 기록된 사도 바울의 모습을 생각하며 방북에 임하는 나의 자세를 새롭게 했다. 로마의 교우들은 바다의 풍랑과 고초를 겪고 죄수의 몸으로 로마에 들어오는 사도 바울을 맞으러 멀리 압비오 광장까지 나왔다. 그 로마 교우들의 모습을 보며 바울은 "하나님께 감사하고 담대한 마음을 얻으니라"고 했다. 이 말씀을 묵상하며 이런 마음이 들며 간절히 간구했다.

'방북 중에 만나는 모든 사람이 죄수의 몸으로 그곳에 온 바울일 수 있고 그들의 눈에 나는 압비오 광장까지 마중 나온 로마 교우들로 보일 수 있겠구나. 나의 작은 발걸음이 저 북한의 사도 바울들에게는 하나님께 감사하고, 마음에 담대함을 얻게 하는 축복의 발걸음이 될 수 있겠구나. 하나님 아버지, 저희들의 작은 발걸음을 축복해 주시옵소서!'

2) M2와의 만남-목사님, 지옥이 정말 있나요?

사역 초기의 어느 가을날, 라진 선봉을 방문하게 되었다. 들어가면서 제일 먼저 눈에 띄는 것은 지붕마다 가득 널려 있는 배추 시래기였다. 사역지에 도착해서 알아보니 그해에 비료를 제대로 주지 못해 배추가 내 허리에 닿을 만큼 크게 자랐지만 속은 들지 않았고 겉껍데기도 뻣뻣하기만 해서 모두 밭에 버렸다고 했다. 그래서 주민들이 그 밭에 버린 배추 겉잎을 주워 겨울에 먹으려 말리고 있다 했다. 그 말을 들으며 걷고 있을 때였다. 내 눈에 M2-1 부부의 눈물겹도록 아름다운 모습이 들어왔다. 그들은 작은 손수레에 배추 이파리를 산더미처럼 싣고 가다가 쉬는 중이었다. 부인은 수건으로 남편의 땀을 닦아주고 남편은 그런 부인을 사랑스러운 눈으로 바라보며 서로 웃고 있었다. 한겨울을 위해 뭔가 먹을 것을 준비했다는 행복감에 가득 차 있었다. 그들의 모습을 보면서 해지는 들녘에 부부가 서서 멀리서 들려오는 교회의 종소리를 들으며 기도하는 그림을 보는 듯한 착각이 들었다. 그들을 보면서 나는 기도했다.

"하나님 아버지, 작은 것에도 감사하며 행복해하는 이 순수하고 맑은 영혼을 가진 귀한 분들이 하루의 일을 마치고 교회에서 들려오는 종소리를 들으며 예수의 이름으로 감사기도를 드리는 날을 속히 허락해 주시옵소서."

이 기도는 지금도 계속되고 있다.

어느 날, 중국 쪽 압록강변에서 M2-2 부부를 만났다. 중국과 북한의 국경선인 압록강은 배를 타면 양쪽 끝의 가까이까지 가서 주민들이나 보초병들에게 말을 걸 수도 있었다. 그날도 중국에서 작은 배를 한 척 빌려서 막 출발하려는데 어디선가 아름다운 노랫소리가 들려왔다. 가까이 가보니 노 젓는 작은 배에 M2-2 부부가 타고 있었다. 남편은 노를 젓고 있었고 부인은 배에 쪼그리고 앉아서 노래를 부르고 있었다. 더 가까이 가서 보니 배 안에는 쌀 아니면 옥수수가루 한 포대와 채소 한 단이 있었다. 북에서 강을 건너와 식량을 구해서 집으로 가는 듯했다. 노를 젓는 남편이나 노래를 부르는 부인이나 밝고 환하게 웃고 있었다. 그들을 보며 나는 기도했다.

"하나님 아버지, 이렇게 귀한 분들과 함께 일용할 양식을 주시는 하나님께 감사와 찬양을 드리며 예배드리는 날을 속히 허락해 주시옵소서. 그리고 저 귀한 분들에게 이 강변에서 성부, 성자, 성령의 이름으로 세례를 베풀 수 있도록 역사해주세요."

이 기도 역시 지금도 계속되고 있다.

어느 날 M2-3를 그녀의 일터에서 만났다. 그녀의 남편은 암을 앓고 있었고, 아들은 인민군대에서 복무하고 있었다. 계속해서 만나며 남편의 병 치료비를 조금씩 보조해 주기도 했고, 암에 좋다는 영양제도 구해다 줬다. 어느 날, 만나니 남편이 죽었다고 했다. 조의를 표하고 "아들은 왔다 갔느냐?"고 물어보았다. 대답은 이랬다. "오긴 어떻게 와요. 연락도 못했어요. 나중에 아들이 제대하고 와서 '아버지 어디 있냐?'고 물으면 '네 아버지는 암으로 죽었어!'라고 말하면 되지요." 그리고 그녀는 다시 자기 일을 계속했다. 불평불만도 없었고, 현실을 있는 그대로 받아들이며 그날을 충실하게 살고 있었다. 그날부터 나의 기도가 시작되었다.

"하나님 아버지, 이분들에게 남편이 되어주시고, 아버지가 되어주세요. 그래서 이분들의 하루하루가 하나님과 동행하는 복된 삶이 되게 허락해주세요."

이 기도는 오늘도 계속되고 있다.

어느 날 M2-4를 처음 만났다. 으레 그랬듯이 이름을 물었다. "왜 그러느냐?"고 묻기에 "만남이 너무 귀해서 가슴에 품고 생각하고 싶다"고 했다. M2-4는 아들의 이름이 '성'이라고 했다. 나는 "거 참 이름 좋다. 자라서 큰 일 하겠네"라고 말한 뒤에 다음 사람과 대화를 나누었다. 한참 후 나 혼자 서있는데 M2-4가 내 옆을 스쳐지나가며 내 귀에다 "거룩할 성(聖)"이라고 말했다. 그 순간, 내 귀를 의심했지만 곧 기도를 시작했다.

"하나님 아버지, 이 땅에 거룩한 그루터기를 남겨주심을 감사드립니다. 이 거룩한 그루터기에서 싹이 나고, 꽃이 피고, 열매가 맺게 해주세요."

이 기도는 오늘도 계속되고 있다.

내가 M2-5를 만났을 때 그는 약간 술에 취해 있었다. 이런 저런 이야기를 나누다가 그가 갑자기 내게 물어왔다. "목사님, 지옥이 정말 있나요?" 내가 별 말 없이 쳐다보고 있으니 그는 계속 말을 이어갔다. "우리는 지금 지상낙원에 살고 있으니까 죽어서 천당간다는 말에는 별로 관심이 없어요. 그런데 이렇게 살다가 또 지옥에 가면 난 정말 억울해요." 난 순간 정신이 번쩍 들면서 M2-5도 보호해 주고, 나도 지켜야 한다고 생각했다. 그래서 "당신, 술 취했네. 그런 말은 맑은 정신으로 하는 거야. 오늘 말은 못 들은 걸로 할게"라고 말했다. 그리고 기도를 시작했다.

"하나님 아버지, 이 가엾고 불쌍한 분들과 함께 밝고 찬란한 천국복음을 맑고 깨어있는 정신으로 나누며 전할 수 있는 날을 속히 허락해주세요."

이 기도는 오늘도 계속되고 있다.

3) M3와의 만남-'거의' 안수집사를 세우다

M3는 사역초기에 만난 북한 관리다. M3는 '하나 셋' 회원제도와 매달 둘째 주간에 모이는 기도모임에 대해 많은 관심을 보이며 계속 이런 질문들을 했다. "하나 셋 회원들의 헌금으로 사역을 진행한다는 게 말이 되냐? 정기 기도모임을 진행하기 위해 방북 일정을 포기한다고? 이것도 말이 되냐?" 계속 묻기에 나는 "말이 안 되기 때문에 기도하는 것"이라고 답했다. M3는 내 대답에 늘 고개를 갸우뚱거렸으나 사역의 진행 상황을 보면서 무언가 이상하다는 느낌을 받는 것 같아 보였다.

어느 가을날이었다. 가을 방북 일정에는 언제나 한반도 주변에 몰아치는 태풍을 피하는 일이 큰 문제인데, 그날도 비가 많이 왔고 바람도 심하게 불었다. 화요일 오후에 중국에 모여 수요일 아침에 평양으로 출발해야 하는데 화요일 밤에 계속 비가 내렸다. 우리는 간절히 비가 그치기를 기도했다. 밤새 쏟아지던 비는 아침녘에 멈추더니 비행장으로 출발하는 시간에는 해가 밝게 떠올랐다. 평양에 도착하니 비온 후의 맑은 공기와 주변 환경이 우리를 반겨주었다. 마중 나온 북한 관리들은 모두 "어젯밤까지 비가 내렸는데 오늘은 밝게 개어서 참 좋다"며 날씨이야기로 꽃을 피웠다. 마침 거기 M3도 나와 있기에 이런 저런 이야기를 하다 덕담 한마디를 했다. "사람들이 좋다 보니 날씨도 좋네요." M3는 싱긋 웃더니 조용히 검지로 하늘을 가리켰다.

그리고 얼마 후, 추운 겨울날이었다. 보통 겨울에는 방북을 하지 않는데, 그때는 특별한 일이 있어 방북길에 올랐다. 일정을 다 마치고 다음 날 아침 출발하려는 전날 저녁이었다. 저녁식사를 마치고 나오는데 밖에서 M3가 나를 기다리고 있었다. 약간 술에 취해있었다. 함께 걷기를 청해 얼마를 걸었는데, 돌연 M3가 "목사님, 나 좀 도와주세요"라고 말했다. 사정은 이랬다. 곧 다가오는 북한의 최대 명절을 위해 선물을 준비해야 하는데 M3에게는 담요와 어린이를 위한 먹거리를 준비하도록 배당되었다. 해외에 있는 한 단체의 후원 약속을 받아 중국의 공장에 주문을 하고 이제 대금을 지불하고 물품을 받아와야 하는데, 그날 그 단체로부터 "후원금을 보낼 수 없게 되었다"는 통보를 받았다. 그래서 마침 내가 왔다가 내일 떠난다는 말을 듣고 황급히 찾아왔다고 말했다. 금액이 제법 컸고, 연초는 재정상태가 어려운 때였지만 나는 말했다. "어렵지만 기도하며 구해보겠습니다. 그런데 이번에는 당신도 기도하기 바랍니다. 나 혼자 기도하는 것보다 둘이 기도하면 더 힘이 되니까요." 나는 중국 공장의 연락 번호를 받고 그 다음 날 집으로 돌아왔다.

집에 돌아온 그날부터 나와 아내는 심한 독감에 걸려 며칠간을 꼼짝 못하고 누워 지내게 되었다. M3의 처지를 생각하면 뭔가를 해야 되는데 끙끙 몸부림치며 기도하는 길밖에는 다른 길이 없었다. 참으로 기도는 능력이 있다! 하나님께서 기도를 들어주셔서 정말 기적처럼 금액을 채울 수 있었다. 그리고 중국의 박 부장과 릭을 통해 필요한 물품을 보낼 수 있었다.

그해 봄에 다시 방북길에 올랐다. 그리고 M3를 만났다. M3는 몇 번이나 고맙다는 인사를 했다. 나는 "당신, 이번에 참 많이 기도했나봐요"라고 말하면서 부부가 독감에 걸려 꼼짝 못했던 이야기와 어떻게 그 금액이 채워졌는지를 말해줬다. M3는 싱긋이 웃으면서 "목사님, 제가 안수집사는 될 수 있겠지요?"라고 말했다. 나는 "'거의' 안수집사는 되겠네요"라고 답했다. 우리는 서로 파안대소를 했다. 그렇다. 주님의 교회는 어떤 시련과 고난 속에서도 자라간다. '거의 장로'와 '거의 안수집사'가 세워지며 그 안의 교회도 무럭무럭 자라가고 있었다.

4) M4와의 만남-탕자와 착한 아비 이야기

M4는 처음 만나 이름을 물어보았을 때 두말없이 자신과 가족들의 이름을 알려준 첫 번째 북한 관리였다. 뿐만 아니라 자신의 출생지역과 함께 어떻게 오늘까지 살아오게 되었는지를 비교적 상세하게 알려줬다. 미국생활에 대한 관심도 많아 이것저것 물어보기도 했다. 뭔가 솔직하고 담백한 성격의 소유자로서 사람을 끌어 모으는 힘이 있었다. 우리는 많이 친해져 여러 가지를 나누었다. 어느 날, 몇 가지 약 이름을 대면서 혹시 미국에서 구해줄 수 있는지를 물어보았다. 왜 그러느냐고 물었더니 자기가 병을 앓고 있는데 그 약이 좋다는 말을 들어서 한 번 먹어보았으면 좋겠다고 했다. 집에 돌아와 의사들에게 물어보니 그 약은 처방약은 아니고 일종의 영양제이니 원하면 구해주겠다고 해서 M4에게 전해주었다. M4는 자기 말을 기억하고 약을 구해다 준 사람은 내가 처음이라며 진심으로 기뻐하고 고마워했다.

얼마 후에 M4가 또 다른 약의 이름을 말하면서 구해줄 수 있겠느냐고 물었다. 내가 '왜 또(?)' 하는 표정으로 바라보니까 몇몇 동료 관리들의 이름을 거론하며 필요하다고 말했다. 북한의 사회분위기가 자기 일 외에는 관심도 없고, 또 끼어들지도 않는데 '참 별종이다'라고 생각하며 구해다 줬더니 그 관리들에게서도 고맙다는 인사가 왔다. 나는 졸지에 북한과 미국을 연결해주는 출장의사 역할을 했다. 그러면서 그분들의 삶의 한 부분을 들여다 볼 기회도 얻었고 기도제목도 점점 늘어갔다.

얼마 후에 M4가 다시 나에게 누구누구를 아느냐고 하면서 젊은 2세 동역자들의 이름을 내놓았다. 나는 정말 놀라 "이번엔 왜 또 그러느냐?"고 물어보았다. M4는 다른 말 없이 빠른 기일 내에 그들을 만나보라고 했다. 2세 동역자들에게 전화를 걸었더니 그 안에서 사업에 대한 제안을 받고 덜컥 하겠다는 말은 했는데 어떻게 시작해야 할지도 모르겠고, 규모도 너무 커서 모금도 되지 않아 북의 관계자에게 연락도 못하고 방북도 미루고 있다고 했다. 나는 이렇게 말했다. "이럴 때는 솔직한 게 제일이다. 그리고 북에서도 이 사업 제안을 여러 명에게 했을 것이다. 가서 만나 솔직하게 말하는 것이 길게 나갈 수 있는 길이다." 그렇게 해서 그 젊은 동역자들은 다시 시작할 수 있었고, 그 뒤에는 M4의 따뜻한 마음과 눈길이 있었다.

또 얼마 후, M4는 다음에 올 때 약간의 현금을 좀 마련해서

갖다 달라고 했다. 그때는 '모내기 전투'가 시작될 때인데 미리 차량에 필요한 연료와 그들에게 줄 음료수 비용을 마련하려는 것이라고 했다. "그게 무슨 도움이 되냐?"고 물었더니 "도움이 되는 정도가 아니라 아주 큰 일을 직접 하는 것"이라며 꼭 부탁한다고 했다. 그래서 다음 방북길에 부탁한 현금을 전해줬더니 M4는 정말 고마워하면서 영수증이 필요하냐고 물었다. 그래서 "이 금액은 방문단 일행이 조금씩 모아서 주는 것이니 영수증은 필요 없다"고 말하니 연신 고마움을 표시했다. 그러고 나서 잠시 후, M4는 아주 난감한 표정을 지으며 얼마의 현금을 더 줄 수 있겠느냐고 물었다. 어처구니가 없었지만 '자존심 세기로 유명한 이분들이 얼마나 급하면 이럴까' 하는 생각이 들어 방문단 중 한 장로님에게 비상금이 있냐고 물어보았다. 그가 이리저리 알아보더니 필요한 금액을 가져왔다.

그 마련한 금액을 직접 전달하기 위해 장로님과 함께 M4를 만났다. M4는 장로님에게 고맙다는 말을 계속했다. 장로님이 일행에게로 돌아가고 둘이 남아서 대화할 때, 그가 말했다. "목사님은 꼭 집 떠나 돌아다니며 못된 짓만 골라하는 못난 아들 찾아다니며 돌보아주는 착한 아비 같습네다." 내 가슴이 쿵하며 울렸고 눈물이 쏟아졌다. '가스펠 러너스 클럽'(Gospel Runner's Club)이 성큼 한 발을 크게 앞으로 뻗는 순간이었다.

5) M5와의 만남-나의 별명은 '못사는 님'

　미국시민 방북금지령이 내리기 몇 년 전, 미국시민에게 북한여행을 자제하라는 경계령이 내려졌다. 아마 북한의 핵실험이 원인이었던 것 같다. 미국에서 함께 출발하려고 준비했던 방북팀 일행도 모두 자제하기로 하고 나 혼자서 중국에 도착했다. 중국에서 박 부장과 릭과 일행 4명이 합류, 6명이 한 팀이 되어 평양에 도착했다. 평양은 매우 조용했고 분위기도 을씨년스러웠다.
　그리고 그날 방문단이 많지 않아서 그랬는지는 몰라도 우리 사역을 관리하는 부처의 책임관리가 마중 나왔다. 숙소에 도착해 잠시 서로 인사도 나누고 일정을 조율하는 모임이 있었다. 그 책임관리가 나에게 물었다. "목사님, 하필이면 이런 때 오셨습니까?" 나는 이렇게 답했다. "이미 오기로 약속을 했으니까요. 그리고 여기 분위기가 아주 조용하니 이 기회에 나도 좀 쉬고 싶네요." 그 책임관리는 조용히 나를 보더니 "좋습니다. 목사님, 이번에 잘 쉬면서 가보고 싶은데 있으면 가보시도록 일정을 조직하겠습니다"라고 말했다. 그래서 나와 박 부장, 고참 안내원, 그리고 M5를 포함한 4명으로 방문단을 조직하고, 릭 일행 4명은 자기 일을 보고 중국으로 출발하는 날 아침에 다시 만나기로 했다.

  M5는 사역초기부터 함께 일했던 북한 관리 출신의 사업가였다. 릭과 함께 여러 사업을 진행했고 우리가 방북하면 언제나 만나 교제하고, 또 사역의 길을 열어주기도 했다. 방문단이 조직되니 M5가 말했다. "목사님, 이번 일정의 모든 경비는 제가 부담하겠습니다. 자동차도 제 차를 쓰고 운전도 제가 직접 하겠습니다. 사람들 만나는 것도 제가 통제할 테니 말 그대로 푹 쉬다 가세요." 그래서 정말 잘 쉬었고, 방북길에 오른 지 처음으로 준비한 비용을 남겨 가져왔다. 그리고 한국과 미국에서 동역자들과 식사하며 북한의 친구들이 식사 한 끼 대접하라고 내게 부탁을 했다면서 M5 이야기를 하면 모두 좋다고 함께 웃었다.

  M5가 직접 운전하는 차를 타고 다니고, 안내원도 제일 '말빨'이 센 고참이 함께 다니니 말 그대로 막힘이 없었다. 식사도 해외여행객들을 위한 식당이 아닌 그들만 아는 토종음식점에 가서 했다. M5가 교제하는 친구들만을 초청해 함께 식사하며 교제하니 부담도 없고, 마치 명절에 고향집을 찾은 듯한 포근함이 있었다. M5는 자기 사업처를 방문하기 위함이라는 명목으로 여러 지방 도시들을 방문하게 해주었다. 어느 날은 내가

태어난 고향집 앞에 나를 세워줘 나를 울게 만들었다. 그러면서 나의 기도제목은 늘어만 갔고, 기도 명단은 꼬리에 꼬리를 물고 이어졌다.

방북 일정을 마치고 떠나기 전날 저녁에 M5의 친구들과 우리 일행이 함께 모였다. 함께 대화를 나누다 M5가 내게 말했다. "목사님, 별명이 뭔지 아시나요?" 나는 무슨 소린가 해서 M5를 쳐다보니 이렇게 말했다. "우린 목사님을 '못사는 님'이라고 불러요. 목사님, 그거 아세요? 목사님이 처음 여기 왔을 때 입고 왔던 옷을 지금도 입고 계시다는 걸요. 우리는 목사님이 미국에서 어떻게 살고 있는지도 다 들어 알고 있어요. 목사님이 그렇게 가난하게 살면서 우리가 부탁하면 언제나 거절하지 않고 들어주고 격려해 주신 것을 우리 모두는 잊지 않고 기억하고 있어요. 더 잘할게요."
Repairer&Restorer's Club과 200 Businessmen's Club이 연합하여 단합대회를 갖는 순간이었다.

하나님의 은혜로 여기까지, 오늘까지 내가 왔다. 정말 부족하고 준비가 안 된 나를 하나님께서 불쌍히 여기셔서 친히 내 손목을 잡고 인도해 주시고 길을 열어주셨다. 그리고 하나님께서 내게 은혜를 베푸서서 정말 귀하고 복된 사람들을 많이 만나게 해주서서 내가 오늘, 여기까지 왔다. 이제 다시 제3기 사역의 길에 오르며 기도하고 또 기도하며 하나님 아버지의 인도하심의 손길에 매달릴 뿐이다. 아버지, 도와주세요.

이 글을 쓰며 하나님께서 맺어주신 수많은 은혜의 사람들의 얼굴이 떠올랐다. 그들은 진정 어린 시절부터 나를 보호하신 하나님께서 보내신 천사들이다. "하나님 아버지, 감사합니다"란 말 외에는 그 어떤 말로도 표현할 길 없는 복되고 은혜로운 만남을 하나님께서 허락해주셨다. 그리고 하나님께서 맺어주신 이 모든 복된 만남의 연결고리에 내 아내 수경이 있다. 수경은 하나님께서 내게 주신 귀하고 복된 최고의 선물이다. 하나님 아버지, 감사합니다.

제7장
하나님의 은혜로 오늘, 여기까지 왔습니다

제7장

하나님의 은혜로 오늘, 여기까지 왔습니다

1) 은혜의 손길에 붙잡혀-황해도 안악(安岳)에서 미국 LA까지

나는 1944년 6월 황해도 안악에서 12남매의 막내로 태어났다. 위로 셋은 내가 태어나기 전에 죽었기 때문에, 9남매의 막내로 태어났다고 할 수 있다. 그때가 태평양전쟁의 막바지여서 아버지께서 내 이름을 대평(大平), 즉 '큰 평화'라고 지으셨다. 1946년에 둘째 누님의 등에 업혀 38선을 넘었고 원주, 강릉, 춘천으로 이사를 다녔다. 1950년, 6살에 6·25를 당해 부산 송도피난민 수용소에서 피난살이를 했다. 9·28수복 때 서울에 올라왔다가 1·4후퇴 때 진해(현재 창원)로 피난을 가서 초등학교를 마쳤다. 서울로 올라와 대광중·고등학교, 서울대학교 사회학과를 졸업하고, 화천과 인천에서 3년간의 군복무를 마쳤다. 숭실고등학교에서 3년간 파트타임으로 교사직을 하다가 1971년에 결혼과 더불어 미국 이민길에 올랐다.

미국에 건너가 빌딩 청소부, 그로서리 마켓(Grocery Market) 점원으로 이민 생활을 시작했고, 'Texaco Gas Station'을 운영하며 1차 석유 파동 때는 제법 큰 돈도 만져 보았다. 그러나 후에 커피숍을 운영하다 홀딱 다 잃어버리고 빚에 쪼들려 쫓겨다니기도 했다. 미주 대한항공 화물과에서 잠시 근무하다가 1977년, 캘리포니아 주정부의 고용개발국(EDD)에서 근무를 시작하여 1987년에 사임했다. 그 사이 1982~1986년에 풀러신학교를 졸업하여 목회학 석사(M.Div) 학위를 받았다. 1986~1987년에 미시건주의 캘빈신학교에서 수학하며 CRC(Christian Reformed Church) 교단의 목사 안수를 받기위한 SPMC과정을 마쳤다.

1987년 7월에 나성한미교회의 청빙을 받았고, 그해 11월에 CRC교단에서 목사안수를 받은 후 17년간 교회를 섬겼다. 2004년 1월 4일, 60세가 되는 해에 북한선교를 위해 교회를 사임하고 바위선교회(VOWE #37)를 시작했다. 바위선교회를 통해 20년간 북한선교에 힘쓰다 80세가 되는 2024년 3월, 2기 사역팀에게 바통을 넘겨주고 다시 새로운 사역을 꿈꾸며 기도하고 있다.

2) 하나님께서 미리 예비해주신 목회자의 길

어머니께서 나를 임신했을 때, 제일 큰 누님과 제일 큰 형수님이 임신을 했다. 한 집에 세 여자가 비슷한 때 임신하게 된 것이다. 어머니께서 부끄럽게 생각하셔서 나를 지우려고 당시에 전해지던 민간요법을 쓰셨다고 한다. 그러한 환란과 핍박(?)을 이기고 세상에 나오도록 하나님께서 나를 보호해주셨다. 하나님은 내가 태어날 때부터 끈질기게 버티고 견디는 연습을 시켜주셨다. 어릴 때, 키도 작았고, 눈도 나빴고, 참 허약했다. 초등학교 때, 이미 흰 머리털도 났다. 서울 해방촌 꼭대기에서 거의 20년을 살면서 적어도 하루에 한 번 이상은 등산을 하게 되었다. 나를 보호해 주신 하나님의 은혜였다. 이후, 등산에 취미를 가져 한국의 많은 산들을 올랐다. 뿐만 아니라 하나님은 군 생활도 화천의 보병부대에서 근무하며 밤낮으로 산과 들을 걷고 달리게 하서서 건강한 몸으로 단련시켜 주셨다. 미국에서도 집 바로 옆에 크고 넓은 공원을 허락해 주서서 틈나는 대로 걸을 수 있어 별다른 취미생활 없이도 건강을 유지할 수 있었다. 하나님이 내 목회생활의 필요를 아시고 일찍부터 건강을 챙겨 주서서 여기까지 올 수 있었던 것이다.

 어린 시절부터 많은 식구가 한 집에 모여 살면서 한 식탁에 둘러앉아 식사를 하다 보니 음식을 골라 먹거나 음식 투정을 하는 일은 허락되지 않았다. 음식의 양도 늘 약간은 부족했다. 우리에게 주어지는 음식의 종류도 요즘 많이 권장되고 있는 건강식품이 대부분이었다. 자연스레 '아무 음식이나 주는 대로 먹되 감사히 먹자'는 생각을 하게 됐다. 우리는 그렇게 자라고 훈련을 받았다. 그래서 우리 식구들 모두 성인병에서 자유로울 수 있게 되었다. 그리고 목회 현장에서, 선교사역 현장에서 무엇이든지 주는 대로 감사하면서 맛있게 먹을 수 있도록 하나님께서 일찍부터 나를 훈련시켜주셨다.

 많은 식구가 함께 어울러 살아가기 위해서는 서로 나눠야 했다. 음식은 물론 옷이나 신발 등을 같이 나누며 함께 누렸다. 자기 것만 고집하면 손해라는 것을 어릴 때부터 몸에 익히며 자랐다. 나눔이 습관이 된 것이다. 옷도 내 몸에 맞는 옷을 입기보다는 내게 주어진 옷에 내 몸을 맞추어 입는 요령을 일찍부터 배웠다. 하나님께서 목회와 선교의 현장에서 꼭 필요한 습관과 기술을 미리 습득시켜주셨다. '밀어주고, 끌어주고, 넘겨주고'의 원칙을 일찍부터 터득할 수 있도록 훈련시켜주셨다. 하나님, 감사합니다.

나이로는 아버지뻘 되는 형님들, 나이는 엇비슷하지만 항렬로는 조카들인 식구들이 한 집에 살면서 함께 어울리고, 함께 깔깔대며 웃으며 살도록 하나님께서 훈련시켜주셨다. 아버지 같은 형님이 말도 안 되는 내 주장에 "야 그래, 네가 맞다"라면서 양보해주는 분위기에서 자랄 수 있도록 나를 축복해주셨다. 좀 어색한 분위기가 형성되면 말도 안 되는 '뻥'을 누군가가 쳐서 한바탕 웃고 지나갈 수 있도록 훈련시켜주셨다. 져주고 양보하는 길이 제일 확실하게 이기는 길임을 가족들과의 어울림 속에서 배우게 해주셨다. 돌아보면 하나님께서 어릴 때부터 목회와 선교의 현장으로 나를 인도하셔서 강훈련을 시켜주셨다.

고향땅에 다 내려놓고 올망졸망한 자식들 데리고 38선을 넘은 내 아버지와 어머니께서 할 수 있는 일은 기도뿐이었다. 부모님을 생각하면 기도하시던 모습뿐이다. 어쩌다 한잠 자고 깨어보면 부모님은 기도하고 계셨다. 매일 가정예배와 식사 때마다 자식들 한 명 한 명의 이름을 부르며 기도드렸다.

나도 어릴 때에 몸이 늘 아파 누워 지냈기 때문에 기도하고 또 기도했다. 빈손으로 이민길에 오른 내가 할 수 있는 일은 기도뿐이었다. 경험 없이 뛰어든 목회 현장에서 내가 할 수 있는 일은 기도뿐이었다. 빈손으로 손가락질 받으며 뛰어든 북한선교의 현장에서 내가 할 수 있는 일은 울며 매달리며 기도하는 일뿐이었다. 목회와 선교의 현장에서 필수적인 기도의 훈련을 하나님께서는 미리미리 앞서 가시면서 내게 허락해주셨다. 하나님 아버지, 감사합니다.

3) 빚진 자의 길-북한선교 이야기

우리 집안의 족보는 증조할아버지 우영님으로부터 시작된다. 어느 날, 우리 증조할아버지 삼형제가 구월산 자락의 황해도 안악에 정착했다. 전해지는 말로는 할아버지 삼형제가 보부상을 했다고 한다. 그러던 어느 날, 우리 증조할아버지께서 복음을 듣게 되었다. 복음은 증조할아버지에 의해 증조할머니께 전해졌고, 할머니는 우리나라 최초의 교회인 소래교회를 세운 서상륜을 만나게 되었고, 우리 할아버지 용제님 때에 안악에 안악교회를 세우게 되었다. 용제 할아버지는 활발하게 신앙생활을 하시던 중 면학회, 신민회에 가입하셔서 애국운동을 하셨다. 집안 식구들과 함께 양산학교를 세우고, 민족교육에 힘썼다. 1910년, 일제에 의해 조작된 안악 사건과 105인 사건으로 투옥되어 옥살이를 하셨고 그 후유증으로 일찍 하나님의 부르심을 받았다. 아버지 선량님은 장자를 하나님께 드린다는 원칙에 따라 1931년 평양신학교에 입학하여 목회자의 길을 걸으려 준비하다 2학년을 마치고 중퇴하셨다. 그 이유는 잘 알 수 없다. 그러나 김구 선생 가족의 중국으로의 탈출 사건, 흥사단 사건 등에 연루되면서 일제의 요시찰 인물로 쫓기고 투옥되는 일이 반복되어 학업을 마칠 수 없었던 것 같다. ('대한민국을 빛낸 기독교 120인' 쿰란출판사, 한국장로교총연합회, 2017년)

목회자의 길을 중도에 포기한 아버지는 아들 5형제에게 목사가 되기를 간청하셨고, 우리 형제들은 늘 마음의 짐을 품고 살게 되었다. 5형제 모두가 목사 되기를 결심했지만 독특한 이유들로 중도에 포기하게 되었다. 나도 고등학교를 졸업할 때까지는 당연히 목사가 되어야 한다고 생각하며 대학교 전공도 사회학을 택했다. 그러다 어느 한순간부터 시험에 빠져 공부도 하지 않고 술만 엄청 마시면서 산에 오르거나 별다른 계획도 없이 기차에 올라타 여기저기 돌아다니곤 했다. 솔직히 목사가 되기 싫어서 갑자기 미국 이민길에 올랐다. 그런 나를 하나님께서 참 오묘하고 신기한 방법으로 붙잡아 주시고 인도해 주셨다. 하나님께서는 나의 가족들을 막강한 무기로 사용하시어 나를 끌어주셨다. "이제 너 밖에 없다"는 형님들의 말씀, 연로하신 아버지가 국제전화를 통해 "언제 시작할거니?"라는 말씀에 더 이상 귀를 막을 순 없었다. 어느 날 부터인가 "알았어요, 내일부터 시작할게요"라고 대답하기 시작했다. 어느 날, 아버지가 "이제 얼마 남았니?"라고 물으셨을 때, 나는 "네, 일년 남았어요"라고 답했다. 그 답을 들으신 아버지는 "그래, 내가 너무 기쁘구나. 이제 피곤해서 자야겠다"라고 말하셨다. 그것이 내가 들은 아버지의 마지막 음성이었다. 아버지는 그날 밤 하나님의 부르심을 받으셨다.

어느 날, 목사가 된 내가 북한 땅에 서게 되었다. 말로 표현할 수 없는 감동이 가슴 가득 채워왔다.

'바로 지금 내가 서 있는 이 자리가 내 증조할아버지께서 복음을 전해들은 장소일 수도 있겠구나. 어쩌면 내 앞에 서 있는 저분의 증조할아버지께서 내 할아버지에게 복음을 전해 내가 오늘 복음전도자가 되어 저분 앞에 서게 되었는지도 모른다. 그렇다면 나는 바로 저분에게 복음을 전해야 될 빚을 진 빚진 자이다.'

이 '빚진 자의 심정'이 중국 땅과 북한 땅을 계속 밟으며 사람들을 만나게 한다. 한 번 택한 자는 결코 포기하지 않고 끝까지 붙잡고 계시는 하나님의 사랑의 손길이 저분들과 함께하고 있음을 전하고, 보여주기 위해 발걸음을 멈출 수 없다. 원산대부흥과 평양대부흥의 성령의 역사를 일으키신 하나님의 손길이 저분들을 붙잡고 계시며 돌아올 날을 기다리고 계심을 알려주고 보여주기 위해 다시 자리를 박차고 저분들을 향해 달려가야 한다.

북한의 관리들은 대화할 때, 갑자기 소리를 지르거나 말도 안 되는 요구를 하며 우리를 겁박할 때가 있다. 처음에는 겁도 났고, 어처구니가 없어 화도 났다. 그러나 내가 고래고래 소리 지르는 그 북한 관리의 자리에 서 있고, 그 사람이 내 자리에 서서 말도 안 되는 나의 소리를 듣게 될 수도 있었겠다는 생각을 하게 되면 나는 그 관리에게 빚진 자라는 마음이 든다. 사람들에게 큰소리치고 억지 부리는 대신 사랑의 하나님께 간구하고 기도하며 사는, 정말 복되고 풍성한 삶의 길이 있음을 알려줘야 할 '빚진 자의 심정'을 갖게 된다. 그래서 빚진 자의 심정으로 그들을 찾아가 만나고 사역을 의논하다보니 어느새 우린 친구가 되어가고 있었다.

고아원과 유치원/탁아소를 방문하면 어린 아이들은 나를 할아버지라고 부르고, 선생님이나 어른 직원들은 나를 아버님이라고 부른다. 그 소리를 들으면 문득 '북한에서 태어난 내가 저 아이들의 진짜 할아버지일 수도, 아버지일 수도 있었겠구나' 하는 생각이 든다. 정말 하나님의 은혜로 저 땅을 떠나 미국까지 올 수 있었고, 이제 목사가 되어 할아버지, 아버지 소리를 들으며 이분들 앞에 서 있다. 그렇다면 나는 이분들에게 우리를 지으시고 그 아들을 주시기까지 사랑하신 사랑의 하나님 아버지를 보여주고 전해야 될 빚진 자가 아닌가. 이 빚진 자의 심정으로 고아들과 아이들을 위해 기도하고, 방문하며, 돌보고 있다.

북한선교를 위해 나성한미교회를 떠나면서 온 교우님들에게 큰 마음의 빚을 졌다. 그 중에서도 그때 한참 부흥하며 꽃을 피우던 영어예배부(EM)에 갚을 길 없는 마음의 빚을 졌다. 지금도 오다가다 그들을 만나면 눈물부터 난다. 그런 나를 위해 하나님께서 참 많은 수의 조선족 3세들과 영어세대 2세 젊은 동역자들을 보내주셔서 함께 일하게 해주셨다. 이 젊은 동역자들을 바라보면서 지난날의 꿈을 되새겨본다. 그때 영어예배부를 잘 성장시켜 그 지역 커뮤니티 교회(Community Church)로 세우려는 꿈이 있었다. 그 지역의 다양한 인종 그룹(Ethnic Group)이 모여 성령의 하나 되게 하심을 따라 찬양하고 기도하며, 예배드리고 전도하고 선교하는 교회를 꿈꿨다. 이제 다시 내 눈 앞에 있는 조선족, 고려인, 영어세대 2세들과 함께 북한 땅에 교회를 세우고, 동남아, 유럽, 아프리카, 남미의 여러 곳에서 모여드는 아침 이슬 같은 젊은이들과 함께 예배드리고, 전도하고, 선교하는 꿈을 꾼다. 'Repairer&Restorer's Club'의 꿈이다.

4) 3번의 길 떠남의 이야기-하나님께서 인도해주셨습니다

1971년 11월, 내 나이 27살에 아내 수경과 함께 미국 이민길에 올랐다. 가지고 갈 수 있는 짐이 제한되어 있어서 옷을 잔

뚝 껴입고 떠났다. 하와이에서 비행기를 갈아타려고 내렸는데, 거기는 한여름이어서 땀을 뻘뻘 흘렸던 기억이 아직도 남아 있다. 미국 LA에서 시작된 이민생활은 정말 재미있었고 활기가 넘쳤다. 먹을 것이 넘쳤고, 일거리는 널려있었다. 참 열심히 일했다. 빌딩청소를 일주일 하고 주급을 받으니 한국 고등학교 교사 한 달 봉급보다 많았다.

이민생활에서 학교 동창, 이웃 친구, 소속 교회 교우는 참 특별한 의미가 있었다. 만나는 사람마다 반갑고 귀했다. 하나님께서 정말 귀하고 복된 만남들을 많이 허락해주셨다. 특별히 정말 은혜롭고 귀한 목사님과 교회를 만나서 함께 섬길 수 있도록 인도해주셨다. 내게는 이민교회와 목사님들의 섬김과 봉사가 그렇게 귀하게 보였다. 그래서 아버지께서 간절히 부탁하셨던 목회자의 길에 대해 심각히 생각하게 되었다. 그리고 1982년 8월, 미국 패서디나에 있는 풀러신학교에 입학했다.

직장생활을 계속하면서 교회에서는 교육전도사로 섬기고, 신학교 학생 역할을 지속하는 것은 힘들었지만 보람과 기쁨이 넘쳤다. 그래서 직장에서 일하는 시간을 하프 타임으로 줄이고 학교 수업시간을 늘렸다. 풀러신학교에서 많은 신학생들, 목사님들, 선교사님들을 만나면서 도전을 받아 목회자로서의 새로운 꿈을 꾸게 되었다. 특별히 오엠에프(OMF)선교회와의 만남은 내 눈을 번쩍 뜨게 하였고 북한선교의 꿈을 꾸게 해주었다.

1986년 8월, 아내 수경과 외동딸 제니와 함께 두 번째 길을 떠났다. 풀러신학교를 졸업한 후, 미시건에 있는 캘빈신학교에서 공부하기 위해서였다. 풀러신학교를 졸업했을 때, 친구들과 함께 교회를 세우자는 생각을 나누었으나 '본토, 친척을 떠나 새로운 땅으로 옮기는 것'이 내 갈 길이라 생각되어 길을 떠났다. 하나님께서 이 길 떠남을 기뻐하셔서 정말 많은 축복을 내려주셨다. 하나님께서 그랜드 래피즈(Grand Rapids)한인교회의 담임 목회자로 섬길 수 있도록 인도해주셨다. 원래 풀러신학교에서는 일과 공부를 병행했기에 배움이 많이 부족하다 여겨 캘빈신학교로 갔는데, 하나님께서는 책상에서보다는 목회현장에서 배우도록 인도해주셨다. 참 많이 배우고, 경험하고, 터득했다. 그리고 1년 후, 나성한미교회의 2대 담임목사로 섬길 수 있도록 인도해주셨다.

1987년 7월, 내 나이 43세에 나성한미교회의 청빙을 받았다. 그 해 11월에 CRC교단에서 목사안수를 받고 제2대 담임목사로 섬김을 시작했다. 나성한미교회는 정말 좋은 교회였다. 내가 교회를 섬겼다기보다는 교회가 나를 키워주고 성장시켜 준 고마운 교회였다. 2004년 1월, 교회를 사임하고 떠나는 그 날까지 17년간 '정말 이래도 되는 건가' 하는 생각이 들 정도로 기뻐하고 감사하며 섬길 수 있도록 온 교회가 뜨겁게 기도하며 마음을 모아주었다. 그리고 때가 되어 북한선교의 길을 떠날 때, 온 힘을 다해 밀어주었고 지금까지 계속해서 기도하며 돕고 있다. 하나님 아버지, 감사합니다.

5) 세 번째 길 떠남-하나님 아버지, 감사합니다

2004년 1월 4일, 나성한미교회에서 이취임예배를 마친 후 세 번째의 길 떠남, 곧 북한선교의 여정에 올랐다. 세 번째의 여정은 "하나님 아버지, 감사합니다"라는 기도 외에는 다른 어떤 말로도 표현할 길이 없는 하나님께서 베푸신 은혜의 하루하루였다. 그 놀라운 하나님의 은혜를 기록으로 남기고 싶어 이 글을 썼다. 특별히 세 번의 길 떠남과 관련해 기록으로 꼭 남기고 싶은 것이 있다. 첫 번째와 두 번째의 여정은 나와 가족만 동행하는 외로운 길이었지만 세 번째 여정은 수많은 소중한 동행자들과 함께 가는 아름답고 복된 길이었다는 사실이다.

1. **글로벌선교교회 이야기:** 나성한미교회를 떠나 북한선교의 길에 오르니 제일 먼저 닥친 문제가 주일에 교회에 나가 예배드리는 일이었다. 교회를 떠난 목사, 더욱이 북한선교를 하는 목사가 주일 날 마음 편히 예배를 드릴 수 있는 교회를 만나는 것은 쉬운 일이 아니었다. 그래서 토요일 밤이 되면 '내일 주일예배를 어느 교회에서 드려야 하나'를 고민하며 밤잠을 설치기도 했다. 그런 나를 글로벌선교교회가 팔을 활짝 벌리며 환영해주고 마음 편하게 예배드릴 수 있도록 맞아주었다. 그리고 예배 때마다 복되고 은혜로운 말씀이 선포되어 나를 자라게 해주었다.

뿐만 아니라 그 교회 담임목사님은 바위선교회 법인이사장직도 흔쾌히 맡아주셨다. 그리고 선교회의 여러 필요한 일들도 세세히 살피며 처리해주셨다. 특별히 필요한 문서사역들, 바위소식지, 기도모임보고서, 재정보고서 등의 인쇄물을 프린트하고 제본하는 일들을 도와주어서 바위 사역이 활발하게 진행될 수 있었다. 또 교회에서 통일선교아카데미를 운영하며 북한선교를 위해 함께 배우고, 기도하고, 꿈을 꿀 수 있도록 길을 열어주었다. 하나님 아버지, 감사합니다.

2. 젊은 바위(Young Vowe) 이야기: 어느 날, 한 떼의 젊은 기도의 용사들이 바위기도모임에 몰려와 함께 기도하게 되었다. 아무런 연고도, 사전 통보도 없었다. 다만 북한을 위한 기도모임이 있다는 소식을 듣고 함께 마음을 모아 기도하고 싶은 열정으로 찾아왔다고 했다. 하나님께서 바위기도모임을 기뻐하셔서 보내준 천사 같은 존재들이었다. 이들은 뜨겁게 기도했고, 찬양했고, 꿈을 나누었다. 그리고 북한선교와 기도모임에 대해 참 열심히, 힘을 다해 전해줬다. 그들로 인해 라스베이거스, 빅토빌 기도모임을 비롯해 또 다른 북한선교를 위한 기도모임들이 시작되고 성장하게 되었다. 지금은 모두 '젊은 바위'가 아닌 '중견 바위'들이 되었지만 여전히 뜨겁게 기도하고, 찬양하고, 꿈을 꾸며 밀어주고 끌어주고 있다. 하나님 아버지, 감사합니다.

3. 산호세(San Jose) 패거리 이야기: 북한선교의 현장에는 유난히 캘리포니아주 산호세에서 온 동역자들이 많다. 참 신실하고 또 유능한 분들이다. 그 중에서 A&J 부부를 중국의 한 기도모임에서 만났다. 그리고 우리는 곧 가족같이 친밀한 동역자가 되었다. 꿈 많고, 유능하고, 신실한 젊은 미주 2세 부부였다.

A&J 부부는 말 그대로 모든 것 다 내려놓고 북한선교의 꿈을 위해 헌신하고 있었다. 이분들은 북한의 안과 밖에서 독자적으로 사역을 진행하면서도 바위의 거의 모든 방북 일정에 동행하여 우리를 도와주었다. 때로는 내가 북한 관리들 앞에서 난처한 입장이 되어 우물쭈물거리고 있으면 당차게 나서서 조목조목 따지기도 하고, 때로는 시원하게 유창한 영어로 한바탕 쏟아붙여서 북한 관리들을 당황케 하기도 했다. 그러면 북한 관리들은 "목사님, 쟤네들 좀 말려주세요"라고 말하며 뒤꽁무니를 빼게 되고, 나는 못이기는 체 하면서 분위기를 수습하기도 했다.

  또 A&J 부부는 바위소식지를 처음 만들 때, 영문번역을 맡았고, 산호세 지역에 바위기도모임을 시작해 인도하기도 했다. 현재는 한국에서 DMZ 사역에 힘을 다하고 있으며 이 책이 출간된 후 함께 DMZ를 따라 달리며 기도하는 일과 실크로드를 달리는 'Gospel Runner's Club' 사역을 준비하며 기도하고 있다. 하나님 아버지, 감사합니다.

  4. 'FOVE'(Friends of Vowe) 이야기: 바위 사역을 진행하다보면 갑자기 돌발적인 필요가 생겨 기도하며 일을 처리해야 할 때가 있다. 그런 때를 위해 시작된 기도모임이 'FOVE 기도모임'

이다. 처음 기도모임을 시작한 자매님의 이름이 '파비'(Faby)여서 발음을 따라 '포브'(FOVE)라고 이름 지었다. 주로 갑자기 급한 사정(보통 하루 이틀 내로는 처리되어야 하는)이 생긴 동역자들, 대중 앞에 서기를 꺼려하는 동역자들, 한국말로 소통하기를 주저하는 동역자들을 위해 모이는 기도모임이다. 은혜가 넘치고 기적 같은 일들이 많이 일어났다.

또 많은 분들이 가까운 친구로서 바위를 위해 헌신해주신 기도모임이다. 이분들이 바위선교회의 홈페이지도 만들어줬다. 'Quick Book'을 통한 정기적인 재정보고서도 만들어줬고, 바위 재정감사와 택스(Tax) 보고도 정확하게 처리해줬다. 급하게 처리해야 하는 재정적인 문제들 대부분이 여기서 해결되었다. 이 바위 친구들은 거의 모두 방북 여정에 한 번 이상은 동행해 사역 현장의 사정을 잘 이해하고 있었다. 그래서 마음을 다해 구체적으로 기도했고, 문제를 해결하기 위해 힘썼다. 오늘도 뒤에 숨어서, 말없이, 구체적으로 기도하며 섬기는 이 친구들이 있어 바위는 묵묵히, 변함없이, 끝까지 갈 수 있다. 하나님 아버지, 감사합니다.

5. 수의 케이터링(Sue's Catering) 이야기: 어느 날 K&G 부부가 내 조카가 운영하는 세탁소에 세탁물을 맡기기 위해 왔다. 세탁

소에서 조용히 들리는 찬송가 소리에 이들은 조카에게 크리스천이냐면서 앞에 놓여있는 바위소식지에 대해서 물었다. 그것이 인연이 되어 K&G 부부와 만나게 되었다. 그들은 80대 후반의 독일계 백인 부부로 정치학과 교수인 아들은 인근 기독교계 대학에서 가르치고 있었다. 이분들은 북한선교에 깊은 관심을 보이며 2년마다 모이는 바위선교보고대회에도 몇 차례 참석했다. 거기서 참석한 모든 분들, 특별히 젊은 바위 회원들이 손을 높이 들고 울부짖으며 기도하는 모습에 큰 감명을 받았다.

이들은 어느 날, 골프를 치면서 옆에 있는 한국인들에게 그 감동을 나눴는데, 그들은 "북한선교하는 사람들은 다 미친놈들이고 나쁜 사람들이니 상대하지 말라"고 했다. 이들은 너무 놀라 남북관계와 한국교회사에 대해 깊이 연구하기 시작했고, 이후 북한선교 현장 상황에 더욱 깊은 관심을 가지게 되었다. 이들은 거의 모든 2세 동역자들을 만났으며 그들을 위해 기도하고 섬기기 시작했다. 그 섬김의 손길을 '수의 케이터링'(Sue's Catering)이라 부르는데, 오늘도 기도와 섬김의 손길을 계속 내밀고 있다. 하나님 아버지, 감사합니다.

수의 케이터링은 내 아내 수경의 이름 첫 글자를 따서 만든 기도모임이다. 날마다 하루에 두세 번씩 전화통화를 하며 소식을 나누고, 함께 기도하며, 섬김의 손길을 펼치고 있다. 수의 케이터링에는 앞서 언급한 귀한 만남들이 이모저모로 서로 연관되어 있다.

  이 글을 마치며 하나님께서 맺어주신 수많은 은혜의 사람들의 얼굴이 떠오른다. 그들은 진정 어린 시절부터 나를 보호하신 하나님께서 보내신 천사들이다. "하나님 아버지, 감사합니다"란 말 외에는 그 어떤 말로도 표현할 길 없는 복되고 은혜로운 만남을 하나님께서 허락해주셨다. 그리고 하나님께서 맺어주신 이 모든 복된 만남의 연결고리에 내 아내 수경이 있다. 수경은 하나님께서 내게 주신 귀하고 복된 최고의 선물이다.
  하나님 아버지, 감사합니다.

하나님의 사람은 꿈이 있어야하고, 그 꿈을 위한 헌신과 열정이 있어야 합니다. 그리고 그 꿈과 헌신의 무대인 현실을 믿음으로 보고 받아드리는 능력이 있어야 합니다. 아브라함이 100세나 되어 자기 몸의 죽은 것 같음과 사라의 태의 죽은 것 같음을 알고도, 그가 믿고 의지하는 하나님이 죽은 자를 살리시며 없는 것을 있는 것으로 부르시는 이심을 확신했습니다.

그래서 그는 바랄 수 없는 중에 바라고 믿었고, 믿음으로 쓰러진 자리에서 다시 일어섰고, 오직 약속만 믿고 기도하며 나갔지요.(롬 4:17~22) 저도 부활의 하나님, 창조의 하나님을 믿고 의지하는 믿음으로 끝까지, 쉬지 않고 달려갈 수 있도록 기도해주세요.

부록 1

파송과 헌신의 예배 설교
2024년 4월 14일, 글로벌선교교회

빚진 자의 꿈과 기도(로마서 1:13~15)

I. 제3기 사역을 시작하며

저는 지난 3월부로 바위 사역을 다음 사역팀에게 넘겨주고 제3기 사역을 시작했습니다. 저와 아내는 매일 아침 함께 기도하는 시간을 갖고 있습니다. 요즘 그 기도시간에 아내가 제3기 사역을 축복해달라고 계속 기도하기에 "제3기 사역이 뭐냐?"고 물어보았습니다. 그랬더니 제1기 사역은 나성한미교회 사역, 제2기 사역은 바위선교회 사역, 그리고 제3기 사역은 이제부터 시작하는 사역이라고 말했습니다. 제3기 사역은 다음 3가지 사역입니다.

첫째, 교회 방문 사역입니다. 그동안 함께 기도하며 섬기던 젊은 동역자들이 새로 시작하여 섬기는 교회들을 방문해 함께 예배드리는 사역입니다. 이제 바위 사역에서 손을 놓았고, 제 나이도 80이 되었으니 방문하는 교회로부터 바라는 것도 없고, 또 방문하는 교회를 위해 제가 할 수 있는 일도 없습니다. 다만 저희 부부가 하나님께서 찾으시는 참된 예배자로 참석하여 빈자리를 채우고, 예배와 교제 중에 눈에 띄고 가슴에 와 닿는 기도제목을 위해 기도하는 사역입니다.

둘째, 실크로드를 달리는 사역입니다. 요즘 제가 바위 사역에서 손을 놓았다는 말이 떠돌자 실크로드의 여러 지역에 나가 섬기는 동역자들을 자주 만나게 되고, 또 그분들을 방문해 달라는 요청을 받게 됩니다. 특별히 연해주의 우수리스크 지역에서 외화벌이 나온 북한주민들을 돌보는 사역을 하시는 분들과 소식을 나누게 됐습니다. 그 동역자들을 계속해서 만나고 사역지 방문도 하면서 지원하고, 꿈과 기도제목을 나누며, 기도하고 격려하는 사역입니다.

셋째, 책을 쓰는 사역입니다. 지난 20년간 하나님께서 부어주신 은혜의 역사를 기록하는 사역입니다. 바위 사역 20년을 설명하기에는 '오직 하나님의 은혜'라는 말 외에 다른 말은 없네요. 20년 굽이굽이마다, 순간순간마다 하나님께서 은혜를 베푸셔서 바위선교회가 여기까지, 오늘까지 왔습니다. 그리고 그 은혜의 순간순간마다 하나님께서 은혜로 만나게 해주신 은혜의 사람들의 은혜의 역사가 있습니다. 그 은혜의 사람들의 은혜의 역사를 기록으로 남기는 사역입니다.

II. 빚진 자의 자세로

제3기 사역을 시작하며 저는 오늘 본문에 기록된 사도 바울의 '빚진 자의 자세'를 본받고 따르려 기도하고 있습니다.

"형제들아 내가 여러 번 너희에게 가고자 한 것을 너희가 모르기를 원하지 아니하노니 이는 너희 중에서도 다른 이방인 중에서와 같이 열매를 맺게 하려 함이로되 지금까지 길이 막혔도다. 헬라인이나 야만인이나 지혜 있는 자나 어리석은 자에게 다 내가 빚진 자라. 그러므로 나는 할 수 있는 대로 로마에 있는 너희에게도 복음 전하기를 원하노라."
(롬 1:13~15)

로마에 가서 복음 전하기를 원하는 간절한 소원을 사도 바울은 '빚진 자의 마음'이라고 고백하고 있습니다. 이민 초기에 멋모르고 커피숍을 시작했다 다 잃어버리고 빚에 쪼들려 힘든 시간을 보낸 적이 있었지요. 빚진 자가 되면 내 것이 없어요. 내 때도 없고, 내 방법도 없어요. 모든 것이 채권자의 때와 방식에 따라 결정되며 나는 거기에 순종할 수밖에 없어요. 바울의 빚진 자의 절박한 심정을 말씀을 따라 묵상하며 더 구체적으로 본받기를 원합니다.

1) 나는 택하심의 빚을 진 자입니다

자신의 사도직의 자격을 따지는 비난에 대한 사도 바울의 고백을 들어보세요.

"내가 복음을 전할지라도 자랑할 것이 없음은 내가 부득불 할 일임이라. 만일 복음을 전하지 아니하면 내게 화가 있을 것이로다."(고전 9:16)

바울은 자기가 태어나기 전에 이미 택해주시고 멋모르고 잘못된 길로 가는 그를 다메섹 도상에서 만나주시고 이방인을 위한 복음전도자의 사명을 주신 하나님께 무조건 따르며 순종하는 길만이 있을 뿐이라고 고백하고 있습니다. 바울은 하나님께서 주신 사명을 따라 예루살렘으로부터 로마 동편에 이르는 일루리곤까지 복음으로 꽉 채웠다고 고백한 후에 이제는 로마를 거쳐 서바나, 곧 땅 끝까지 가기를 소원하는 꿈을 말하고 기도하고 있습니다.(롬 15:18~28).

저도 어느 날, 복된 믿음의 가정에 태어난 내 자신을 발견했습니다. 12남매의 막내로 태어나 목사의 직을 맡게 되는 축복도 받았고요. 자격도, 능력도 없는데 하나님은 나성한미교회, 바위선교회를 맡겨주시고 감당할 힘도 주셨습니다. 이제 하나님께서 다시 제게 제3기 사역을 맡겨주시니 감사할 뿐으로 찬송하며 끝까지 달려가겠습니다. 기도해주세요.

2) 나는 갚을 길 없는 은혜의 빚을 진 자입니다

사도 바울은 사도직을 감당하기에는 치명적인 결점을 가지고 있었지요. 그는 교회의 박해자였고 육신의 병을 가진 자였습니다. 사도 바울의 고백을 들어보십시오.

> "그러나 내가 나 된 것은 하나님의 은혜로 된 것이니 내게 주신 그의 은혜가 헛되지 아니하여 내가 모든 사도보다 더 많이 수고하였으나 내가 한 것이 아니요 오직 나와 함께 하신 하나님의 은혜로라."(고전 15:10)

바울은 그의 모든 결점과 약점에도 불구하고 그에게 은혜를 베푸셔서 그를 만나주시고 사도로 세워주신 하나님을 찬양하고 감사하고 있네요. 그 크신 은혜에 빚진 자인 자기를 알기 때문에 자신에 대한 비난과 조롱 앞에서 "나는 날마다 죽노라"고 단언하고 있습니다. 그리고 많은 문제와 아픔 때문에 흔들리고 좌절하는 교회를 향해 담대히 선포합니다.

"그러므로 내 사랑하는 형제들아 견실하며 흔들리지 말고 항상 주의 일에 더욱 힘쓰는 자들이 되라. 이는 너희 수고가 주 안에서 헛되지 않은 줄 앎이라."(고전 15:58)

저는 일생 동안 허약한 체질과 언제 폭발할지 모르는 신경질 때문에 몸부림치며 살아왔습니다. 그런 저에게 하나님께서 은혜를 베푸서서 이민자의 삶의 터전에, 은혜로운 교회의 품안에, 거센 바람 휘몰아치는 북한선교의 언덕에 세우시고 다듬어주셨습니다. 때로는 격하게 몽둥이질도 하시면서 저를 단련시키시고 일하게 해주셨습니다. 정말 나의 나 된 것은 하나님의 은혜입니다. 이제 제3기 사역의 길에 오르며 많은 문제와 인간의 힘으로 해결할 수 없는 장벽들을 보게 됩니다. 그러나 오늘의 저를 은혜로 세워주신 하나님 은혜의 손길에 의지하며 날마다 "나는 죽노라" 다짐하며 달려가겠습니다. 기도해주세요.

3) 나는 붙잡아주심의 손길에 빚을 진 자입니다

3차 선교여행을 마치고 나이도 많아진 사도 바울은 현재 옥에 갇혀 있습니다. 이룬 것도, 손에 쥔 것도 없습니다. 그에게 있는 것은 주위에서 들려오는 비난과 조롱뿐입니다. 그런 참담한 지경에서 사도 바울은 다음과 같은 은혜의 고백을 하네요.

> "내가 이미 얻었다 함도 아니요 온전히 이루었다 함도 아니라. 오직 내가 그리스도 예수께 잡힌바 된 그것을 잡으려고 달려가노라. 형제들아 나는 아직 내가 잡은 줄로 여기지 아니하고 오직 한 일 즉 뒤에 있는 것은 잊어버리고 앞에 있는 것을 잡으려고 푯대를 향하여 그리스도 예수 안에서 하나님이 위에서 부르신 부름의 상을 위하여 달려가노라. 그러므로 누구든지 우리 온전히 이룬 자들은 이렇게 생각할지니 만일 어떤 일에 너희가 달리 생각하면 하나님이 이것도 너희에게 나타내시리라. 오직 우리가 어디까지 이르렀든지 그대로 행할 것이라."(빌 3:12~16)

빈손 들고 옥에 갇힌 바울, 가진 것도 없고 이룬 것도 없는 실패자 같은 바울, 그러나 자신을 붙잡아주신 하나님의 손길은 여전히 자신과 함께하고 계신다고 바울은 고백하고 있습니다. 여기서 '붙잡다'라는 말은 군사적 용어로 '징집하다'라는 말입니다. 바울의 현재는 가진 것 없고 이룬 것 없이 옥에 갇혀 있는 별 볼일 없는 늙은이지만, 하나님은 "아직도 바울이 필요하다"고 하시면서 그를 불러주십니다. 이것을 바울은 고백하고 있습니다. 그래서 바울은 하나님의 '붙잡아주심의 손길'에 꼭 붙잡혀 사냥개가 사냥감에게 전력으로 달려가듯 부르심의 상을 향해 달려간다고 고백합니다. 저도 제3기 사역을 시작하며 아직도 제가 쓸모 있다며 버리지 않고 붙잡고 계시는 하나님의 사랑의 손길에 굳게 붙잡혀 앞만 보고 달려가겠습니다. 기도해주세요.

III. 빚진 자의 꿈과 기도

빚진 자의 자세로 제3기 사역을 시작하며 여러분의 기도후원을 부탁합니다. 기도해주세요.

첫째, 성령님의 도우심과 제 건강을 위해서 기도해주세요. 제3기 사역을 시작하며 2가지 생각이 계속해서 제 가슴을 파고드네요. 느보산에 올라 멀리 가나안 땅을 바라보는 모세의 마음을 생각하게 됩니다. 홍해를 건너 광야 40년을 마치고 이제 가나안 땅이 바로 코앞인데 모세는 산에 올라 멀리서 바라봐야만 합니다. 하나님 앞에서 내 삶의 자세를, 사역의 자세를 돌아보며 기도하게 됩니다. 호렙산의 불타는 떨기나무 앞에서 하나님의 부르심을 받고 산을 내려와 애굽을 향하는 80세의 모세, 하나님의 지팡이 하나만을 손에 쥐고 애굽 왕 바로를 향하는 모세를 생각하며 기도하게 됩니다. 성령님의 도우심과 제 건강을 위해 간절히 기도해주세요.

둘째, 귀한 동역자들을 만나게 해주시기를 기도해주세요.

바위 사역 20년은 하나님께서 은혜로 만나게 해주신 귀한 동역자님들과 동행한 섭리의 역사였습니다. 이제 제3기 사역을 시작하며 몇몇의 젊은 동역자들과 함께 가려합니다. 그분들이 운영하는 비영리단체(NGO)와 함께 사역의 꿈을 나누고, 기도하고, 모금하며 가려고 합니다. 어느 날, 하나님께서 부르시면 가볍게 하나님의 품에 안기게 되기를 기도하고 있습니다. 이분들과의 만남이 복된 만남이 되도록 기도해주세요.

셋째, 낙심하지 않고 계속 꿈을 꾸고 기도하며 나가도록 기도해주세요.

하나님의 사람은 꿈이 있어야하고, 그 꿈을 위한 헌신과 열정이 있어야 합니다. 그리고 그 꿈과 헌신의 무대인 현실을 믿음으로 보고 받아드리는 능력이 있어야 합니다. 아브라함이 100세나 되어 자기 몸의 죽은 것 같음과 사라의 태의 죽은 것 같음을 알고도, 그가 믿고 의지하는 하나님이 죽은 자를 살리시며 없는 것을 있는 것으로 부르시는 이심을 확신했습니다. 그래서 그는 바랄 수 없는 중에 바라고 믿었고, 믿음으로 쓰러진 자리에서 다시 일어섰고, 오직 약속만 믿고 기도하며 나갔지요.(롬 4:17~22) 저도 부활의 하나님, 창조의 하나님을 믿고 의지하는 믿음으로 끝까지, 쉬지 않고 달려갈 수 있도록 기도해 주세요.

지난 20년, 작고 초라한 가슴에 고아들, 어린 아이들을 먹이고 싶다는 작은 꿈을 품고, 기도의 노를 저으며, 은혜의 물결 따라 잘도 흘러왔네요. 이제 바위 사역을 지나 제3기 사역의 길을 떠납니다. 막막하기도 하고 내 자신이 초라해 보이기도 하지만, 지난 세월 바위와 함께 하셨던 인도하심의 별빛은 여전히 내 앞에서 길을 밝히며, 길을 잡아주고 있네요.
"하나님은 이루시고, 우리는 꿈꾸며 기도하고"
이 별빛 바라보며 쉬지 않고 기도의 노를 저어가겠습니다. 기도해 주세요.

부록 2

기도제목으로 나눈 이야기들

2024년 3월 4일, 월요기도제목

어차피 어차피
3월은 오는구나
오고야 마는구나

2월을 이기고
추위와 가난한 마음을 이기고
넓은 마음이 돌아오는구나

돌아와 우리 앞에
풀잎과 꽃잎의 비단 방석을 까는구나

새들은 우리더러
무슨 소리든 내보라 내보라고
조르는구나

시냇물 소리도 우리더러
지껄이라 그러는구나

아,
젊은 아이들은
다시 한 번 새 옷을 갈아입고
새 가방을 들고
새 배지를 달고
우리 앞을 물결처
스쳐 가겠지.

그러나
3월에도
외로운 사람은 여전히 외롭고
쓸쓸한 사람은 쓸쓸하겠지

3월, 나태주

　　2월을 이기고 3월은 오고야 마는구나. 겨울을 이기고 봄은 오고야 마는구나. 기다리고 기다리면 그날은 오고야 마는구나. 그래서 우리는 오늘도 기다림의 문고리를 움켜쥐고 두드리고 또 두드릴 수 있지요. 부활의 아침을 기다리며 자신을 살피고 돌아보는 사순절 기간에 내 자신의 기다림의 자세를 가다듬게 해 주는 나태주의 아름답고 귀한 시 한 편을 올려봅니다.

  이번 겨울, 참 많이 추웠고 찬바람도 매섭게 불었네요. 비도 많이 왔고, 앞산에 눈도 엄청 많이 와 쌓였네요. 쏟아지는 눈과 비를 보며 사역현장의 아이들 생각을 많이 하고 기도했네요. 한겨울 눈 덮인 들판을 건너 점심 한 끼를 먹기 위해 모여드는 어린이들을 생각하고 그려보며 아무 것도 할 수 없는 내 모습에 심한 허탈감을 느끼기도 했네요. 그리고 어느 날, 이번 겨울은 히터를 켜지 않고 지내며 기도 중에 그 아이들을 만나자고 결심했지요. 많이 추웠고 힘들었지만 뒤집어 쓴 담요 안에서 웅크리고 엎드려 기도하며 아이들을 만나기도 하고, 하나님께 떼도 쓰며 따뜻하고 포근한 시간을 가지기도 했네요.

  지난 주간에 S목사님 부부, Y목사님 부부, 저희 부부, 연해주 우수리스크에서 사역하시는 갈렙과 데비 부부 등 8명이 함께 모여 뜨겁게 기도하며 교제하는 시간을 가졌습니다. 갈렙 부부는 중국에서 추방된 후 한국과 미국의 여러 도시를 떠돌다 소식이 끊겼었는데, 지난 7년간 연해주에서 외화벌이 나온 북한주민들을 돌보는 사역을 하고 있었다고 합니다. 아주 구체적이고 규모도 큰 사역을 진행하고 있네요. 외화벌이 나온 북한주민 사역은 참 중요하지요. 그분들은 거의 다 북한으로 다시 돌아가고, 북한 안에서의 신분도 무시할 수 없는 위치에 있기 때문에 이들 중 한 분이라도 복음을 듣고 예수님을 영접하면 이 시대에 북한을 향한 사도 바울의 역할을 감당할 수도 있게 되지요. 갈렙 부부와의 만남은 하나님께서 저에게 들려주시는 새벽잠을 깨우는 기상나팔 소리 같았네요. 그래서 다시 'Repairer&Restorer's Club, 200 Businessmen's Club, Gospel Runner's Club'의 꿈을 새롭게 다지며 자리를 박차고 일어서게 해주시네요.

베르트 켐페르트(Bert Kaempfert)의 트럼펫 연주로 '밤하늘의 블루스'(Wonderland By Night)를 올려드립니다. 대학시절 음악감상실에서 즐겨 듣던 곡인데, 그때는 들리지 않던 소리들이 들려와 가슴을 설레게 해주네요. 고아원 사역의 '행진 악단'(Marching Band)들이 불어대는 나팔소리가 요란하게 들려오네요. 목공반의 목수들이 두드리는 망치소리, 톱 켜는 소리도 들리고요. 겨우내 얼어 붙어 있던 얼음과 눈이 녹아내리며 큰 강물을 이루어 도도히 흘러가는 물소리도 들리고요. 그런가 하면 길가의 돌을 날려 소대가리를 깬다는 라진 선봉의 돌개바람 소리도 들려 가슴을 시원하게 해주네요. 함께 듣고, 기도하며, 어차피 어차피 오고야 말 그날을 함께 기다려요.

2024년 3월 8일, 금요기도제목

1

*"야곱이 브엘세바에서 떠나 하란으로 향하여 가더니 한 곳에 이르러는 해가 진지라. 거기서 유숙하려고 그 곳의 한 돌을 가져다가 베개로 삼고 거기 누워 자더니 꿈에 본즉 사다리가 땅 위에 서 있는데 그 꼭대기가 하늘에 닿았고 또 본즉 하나님의 사자들이 그 위에서 오르락내리락 하고 또 본즉 여호와께서 그 위에 서서 이르시되 나는 여호와니 너의 조부 아브라함의 하나님이요 이삭의 하나님이라. 네가 누워있는 땅을 내가 너와 네 자손에게 주리니 네 자손이 땅의 티끌 같이 네가 서쪽과 동쪽과 북쪽과 남쪽으로 퍼져나갈지며 땅의 모든 족속이 너와 네 자손으로 말미암아 복을 받으리라. 내가 너와 함께 있어 네가 어디로 가든지 너를 지키며 너를 이끌어 이 땅으로 돌아오게 할지라. 내가 네게 허락한 것을 다 이루기까지 너를 떠나지 아니하리라 하신지라. 야곱이 잠이 깨어 이르되 여호와께서 과연 여기 계시거늘 내가 알지 못하였도다. 이에 두려워하여 이르되 두렵도다 이곳이여, 이것은 다름 아닌 하나님의 집이요

이는 하늘의 문이로다 하고 야곱이 아침에 일찍이 일어나 베개로 삼았던 돌을 가져다가 기둥으로 세우고 그 위에 기름을 붓고 그곳 이름을 벧엘이라 하였더라. 이 성의 옛 이름은 루스더라"(창 28:10~19)

**2004년 1월 바위 사역을 시작할 때 갑자기 모든 것이 막히고, 끊기고, 앞이 보이지 않아 낙심하여 돌아오는 비행기 안에서 하나님께서 오늘의 말씀을 통해 새 힘을 주셨지요. 이제 다시 북한선교를 위한 다음 단계의 길을 떠나려는 저에게 하나님께서 이 말씀을 주시며 등을 두드려 주시네요. 언제, 어디서나 저와 함께 하시며 제 모든 형편과 필요를 보고 계시고, 알고 계시는 하나님만 의지하고 꿈꾸고, 기도하고, 섬기며 제게 맡겨주시는 길을 감사하고 찬송하며 나가겠습니다.

***저는 올해 3월부터 바위 사역과는 모든 관계를 끊고 새로운 사역의 길을 열어 가겠습니다. 작년(2023년) 1월부로 사역을 2기팀에게 넘겨주고, 10월 7일(토요일)에 예정되었던 선교보고대회에서 새로운 시작을 알리려고 생각했었는데 조금 늦게 떠나게 되었네요. 목회의 현장에서, 사역의 현장에서 책임을 넘겨준 후에는 현장을 확실하게 떠나는 것이 넘겨준 자의 마지막 책임이지요. 지난 1월부로 뒷마무리도 끝냈고, 이제는 아쉽

지만 서로 헤어질 때가 되었네요. 쉬지 않고 위해서 기도하겠습니다. 저를 위해서도 쉬지 말고 기도해주세요.

2

*요즘 80세의 모세를 불러 광야 40년을 맡기시고, 광야 40년을 마친 모세를 느보산 꼭대기로 불러 이스라엘에게 허락하신 온 땅을 보여주시고 거기서 모세를 불러가신 하나님의 오묘하신 사랑과 섭리의 손길을 묵상하며 많은 은혜를 받고 새 힘을 얻고 있네요. 가나안을 향한 축복의 행진에서 가나안 땅에 들어가는 자의 몫이 있고, 멀리서 그 땅을 바라보며 기뻐하고 감사하는 느보산에 오르는 자의 몫이 있네요.

제게 맡겨주시는 몫이 느보산에 올라 멀리 바라보는 일이면 감사하고 찬송하며 이 길을 가겠습니다. 산에 오르기 위해 모든 것 다 내려놓고 가볍게 떠나겠습니다. 산을 오르는 굽이굽이마다 만나게 될 새로운 친구들을 기대하며 감사하며 가겠습니다. 산골짜기마다 펼쳐질 신기한 풍경을 그려보며 찬송하며 나가겠습니다. 기도해주세요.

**저는 하나님께서 허락해 주시는 날, 북한에 세워진 교회들

을 방문하여 함께 예배드리는 날을 수도 없이 그려보고 또 꿈을 꿨습니다. 그러다가 이번 3월부터는 제 주변의 작은 교회, 새로 시작하는 교회, 함께 예배드리며 꿈을 나누고 기도제목을 나누고 싶은 교회들을 방문하기로 했습니다. 2007년부터 매주 출석하며 섬기는 글로벌선교교회 담임 목사님의 허락을 받아 지난 주일(3월 3일) 공지사항에 올리고, 이번 주일(3월 10일)부터 교회방문을 시작합니다. 교회 사정과 담임목사님의 목회 일정에 맞춰 3월이나 4월의 어느 주일에 파송과 헌신의 예배도 드리기로 했고요. 저희 부부의 방문하는 발걸음이 하나님께서 동행하시는 은혜의 발걸음이 되고, 선하고 복된 열매가 풍성하게 맺히게 되기를 기도해주세요.

***올해 6월이면 제 나이 80이 되네요. 근래에 우리 지역으로 이사 온 딸의 가족과 그 또래의 영어세대 가족들이 힘을 합쳐서 제 80세 생일잔치를 열기로 했습니다. 6월 8일(토요일) 오후 4시~7시에 글로벌선교교회에서 감사예배와 교제시간을 가지려 합니다. 흩어져 있던 가족들, 바위식구들, 교우님들과 친구들이 함께 모이는 시간을 가지려고 합니다. 그리고 이 생일잔치 후에는 하나님의 인도하심의 손길을 의지하고 느보산에 오르는 일정으로 가스펠 로드(Gospel Road)를 달려보려 합니다.

손경민의 '여정'을 올려드립니다. 함께 듣고 따라 부르며 은혜를 받고, 함께 기도해요.

3

*1, 2월을 지나며 우리 젊은 동역자들이 수련회, 금식기도회, 특별 세미나와 기도회 등의 바쁜 일정을 소화하고 모두 제자리로 돌아왔네요. 모두 건강하고 새로운 꿈과 도전을 위해 신발 끈을 동여매고 있네요. 또 중국 바위(China Vowe)의 길버트와 조앤 부부는 북한의 2024년도 새 달력을 보내주며 북한 안의 친구들의 안부를 전해주고 있네요. 한국, 미국, 중국, 그 외의 여러 지역의 동역자들과 가정을 위해, 사역과 그 사역을 위해 함께 기도하며 섬기는 여러분들 위해서 기도해주세요.

**오늘(3월8일, 금요일) 로이 형제가 오랫동안 기다려 온 신장이식 수술을 받기 위해 병원으로 갔네요. 별다른 일이 없으면 10시 30분에 수술을 시작한다고 했는데, 현재 전화를 안 받는 것을 보니 수술이 진행 중이거나 수술 후 회복 중인 듯합니다. 신장이식 수술 후에 목회자의 길을 걷겠다고 신학교에서 공부하며 기도 중에 있는 귀한 형제입니다. 주 안에서 수술이 잘 끝나고, 잘 회복되어 건강한 몸으로 힘써 배우며 자라서 하나님의 귀한 일꾼으로 복되게 쓰임 받도록 함께 기도해요.

***지난 3월 5일(화요일) 아침 11시40분에 브랜든과 클로에 가정에 둘째 아들 예준(Jayden) 군이 태어났습니다. 축하해요. 폴 박의 막내 처제가 십 수 년 동안 자녀가 없어 많이 기도했는데 얼마 전 예쁜 딸을 낳아 이름을 '희열'이라 짓고 기뻐한다는 소식이 왔네요. 서울 바위 식구 중 갈리나는 아들 '지성'의 돌잔치 소식을, 에스더는 딸 '소윤'의 돌잔치 소식을 전하며 기뻐하고 있고요. 하나님께서 허락해주시는 귀한 자녀들입니다. 통일의 그날에 조선족, 고려인, 남과 북의 어린 자녀들, 미국을 비롯한 전 세계에 흩어진 우리 자녀들이 손에 손을 잡고 춤추고, 노래하며, 뛰노는 꿈을 꿔보니 눈물이 나네요. 그날을 바라보며 함께 기도해요.

2024년 4월 1일, 월요기도제목

겨울을 이기고 사랑은

봄을 기다릴 줄 안다
기다려 다시 사랑은
불모의 땅을 파헤쳐

제 뼈를 갈아 재로 뿌리고
천년을 두고 오늘

봄의 언덕에
한그루 나무를 심을 줄 안다

사랑은
가을을 끝낸 들녘에 서서

사과 하나 둘로 쪼개
나눠 가질 줄 안다

너와 나와 우리가
한 별을 우러러보며

사랑은, 김남주

사랑은 함께 기다릴 줄 안다. 찬바람 부는 봄의 언덕에 올라 아득한 그날을 바라보며 한그루 나무를 심을 줄 안다. 함께 얼어붙은 땅을 갈아엎고, 한 줌의 씨를 뿌릴 줄 안다. 사랑은 나눌 줄 안다. 그리고 너와 나와 우리가 서로 나누며 손잡고 함께 바라볼 줄 안다.

엊그제까지 찬바람 불고 눈 내리는 날씨가 계속되더니 이제는 봄기운이 가득하게 우리 삶의 구석구석을 채워오네요. 김남주의 아름답고, 가슴을 따뜻하게 녹여주는 시 '사랑은'을 올려드립니다.

2주 전에 제 바로 위의 형수님이 84세로 하나님의 부르심을 받았습니다. 장례예배를 위해 미주 전역에 흩어져 지내던 가족들이 모두 모이게 되었지요. 60여 명이 오랜만에 함께 모이니, 그 자리는 이 세상에서 헤어짐의 아픔을 나누는 자리가 아니라 만남과 나눔의 감격이 넘치는 축제의 자리가 되었네요. 12남매의 막내로 태어나 38선을 넘어 월남 피난민이 되었고, 서울 해방촌 꼭대기에서 초·중·고·대학을 마치고, 군 제대 후에 결혼하여 1971년, 27살에 미국 이민길에 오른 것이 엊그제 같은 데 벌써 이민생활 53년이 지나 제 나이 80이 되었네요. 가족의 항렬을 따라 증조할아버지도 되었고요. 정말 말로 표현할 수 없는 하나님의 은혜로 오늘, 여기 제가 서 있네요. 정말 감사하고, 또 감사한 일은 모든 가족들, 새로 들어온 며느리와 사위들 모두가 신실하게 신앙생활을 하고 있다는 점입니다. 바라보며 나가는 길이 한 방향이고, 함께 기도하며 나누는 기도제목들이 하나이기에 그날의 장례예배 장소는 언젠가 우리 모두가 함께 만나 주님과 함께 즐겁게 맞이할 천국잔치를 미리 맛보는 축복의 자리가 되었네요. 독생자를 아낌없이 내어주시고 우리를 품어주신 하나님 아버지의 극진한 사랑의 손길을 진하게 느끼는 복된 자리였습니다.

지난 3월 10일(주일), 제가 교회 심방을 시작하는 첫날이었지요. 하나님께서 제 발걸음을 기뻐하셔서 그날 K를 만나게 해주셨어요. K는 제가 방문한 그 교회를 20년 전에 창립하여 섬기다가 후배 목사에게 물려주었습니다. 후임 목사는 K를 연해주 우수리스크에 파송선교사로 파송하여 지난 7년간 지원하고 있었지요. 얼마 전에 미국을 방문한 K는 그 주간의 수요일에 사역지로 돌아가게 되어있었고요. 아무런 사전 지식도 없었고, 그냥 하나님의 인도하심에 따라 그 교회를 방문했는데, 정말 아름답고 복된 만남을 하나님께서 제게 허락해 주셨네요.

처음 만났지만 K가 만나고, 섬기며, 교제하는 분들이 다 익숙한 분들이고, 기도의 제목들이 서로 같았고, 바라보는 방향이 서로 같아 우리는 친구가 되었지요. 사역 현장에서 힘써 갈고, 심고, 뿌리고, 기다리다 가을 수확이 끝났을 때 손에 쥐어진 한 알의 사과를 감사하며 서로 나눌 수 있는 사랑스러운 친구를 하나님께서 허락해 주셨습니다. 새로운 사역의 시작을 귀하고 복된 만남으로 축복해주신 하나님께 감사드립니다. 귀한 만남들이 계속되어지기를 기도해주세요.

영화 '미션'(The Mission)에 나오는 '가브리엘의 오보에'(Gabriel's Oboe)를 올려드립니다. 남미의 울창한 숲과 수려한 자연환경 속에 어느 날부터 억지스러운 인간의 탐욕, 갈등, 의심의 눈초리가 넘쳐나게 되었습니다. 그리고 그 속으로 사명 하나를 품고 들어간 가브리엘 신부를 향해 원주민들이 창과 활을 겨누며 다가옵니다. 그때, 가브리엘은 오보에를 꺼내 이 곡을 조용히 불기 시작하지요. 순간, 모든 것이 멈춰지는 듯한 고요함과 평온이 가득 차오르고 원주민들은 창과 활을 거두지요. 요 며칠 간 계속해서 이 곡을 듣고 또 듣게 되네요. 그리고 기도하게 되네요. 제가 요즘 시작한 교회방문 사역의 발걸음에 하나님께서 동행해주셔서 평안과 위로, 격려의 발걸음이 되게 해주시옵소서. 위해서 기도해주세요.

2024년 4월 5일, 금요기도제목

1

"밤에 일어나 두 아내와 두 여종과 열한 아들을 인도하여 얍복 나루를 건널 새 그들을 인도하여 시내를 건너가게 하며 그의 소유도 건너가게 하고 야곱은 홀로 남았더니 어떤 사람이 날이 새도록 야곱과 씨름하다가 자기가 야곱을 이기지 못함을 보고 그가 야곱의 허벅지 관절을 치매 야곱의 허벅지 관절이 그 사람과 씨름할 때에 어긋났더라. 그가 이르되 날이 새려하니 나로 가게 하라 야곱이 이르되 당신이 내게 축복하지 아니하면 가게 하지 아니하겠나이다. 그 사람이 그에게 이르되 네 이름이 무엇이냐? 그가 이르되 야곱이니이다. 그가 이르되 네 이름을 다시는 야곱이라 부를 것이 아니요 이스라엘이라 부를 것이니 이는 네가 하나님과 및 사람들과 겨루어 이겼음이니라. 야곱이 청하여 이르되 당신의 이름을 알려주소서. 그 사람이 이르되 어찌하여 내 이름을 묻느냐 하고 거기서 야곱에게 축복한지라. 그러므로 야곱이 그곳 이름을 브니엘이라 하였으니 그가 이르기를 내가 하나님과 대면하여 보았으나 내 생명이 보존되었다 함이더라. 그가 브니엘을 지날 때에 해가 돋았고 그의 허벅다리로 말미암아 절었더라."(창 32:22~31)

**기도는 홀로, 다 내려놓고, 빈손 들고 하나님의 손에 붙잡혀 몸부림치는 씨름입니다. 기도는 '야곱을 이스라엘'로 변화시키는 능력이 있네요. 인생의 모든 문제들, 특히 관계의 문제들은 기도로만 해결할 수 있어요. 밤이 맞도록 씨름하며 몸부림치는 기도는 아침 해 같이 빛나는 마음으로 내 앞에 있는 십자가를 질 수 있는 힘을 얻게 해줍니다.

***요즘 홀로 남아 빈손 들고 밤새껏 씨름하며 몸부림치던 얍복나루터의 야곱의 기도를 묵상하며 새 힘을 얻고 일어서도록 하나님께서 인도해 주시네요. 야곱이 이스라엘로 변하고 성장하는 길은 기도 외에는 다른 길이 없다고 말씀해 주시는군요. 인생의 모든 문제는 하나님께 드리는 기도로만 해결될 수 있다고 말씀해 주십니다. 다리를 절뚝이며 브니엘을 지나는 야곱에게 떠올랐던 밝고 밝은 햇빛을 바라보며 새로운 사역을 기쁘게 시작하라고 제 등을 밀어주시네요.

2

*저와 아내는 매일 아침 식탁에 마주 앉아 자칭 '일일 부흥회'라고 부르는 기도의 시간을 가지고 있습니다. 요즘 아내가

'제3기 사역'을 축복해 달라고 계속 기도하기에 "3기 사역이 뭐냐?"고 물어보았지요. 아내에 따르면 1기는 나성한미교회 사역, 2기는 바위 사역, 3기는 이제부터 시작하는 새로운 사역입니다. 그래서 새 사역을 제3기 사역이라 부르기로 했지요. 느보산에 오르는 자세, 하루하루가 제 마지막 날이라는 절박감을 가지고 사역에 임하는 한편, 호렙산에서 내려와 애굽을 향하는 '멀리 바라보고 준비하는 자세'를 동시에 갖추기로 했지요. 그래서 체력단련도 강도를 높였고요, 2025년 7월에 만료되는 10년짜리 미국여권과 중국복수비자도 올해를 넘겨 내년(2025년)에 다시 신청하기로 했습니다.

지금 하는대로 만나고, 섬기고, 기도하는 일은 계속하면서 1)교회방문 사역, 2)통일 후를 준비하며 오늘을 살아가는 Repairer&Restorer's Club, 200 Businessmen's Club, Gospel Runner's Club의 현장을 방문하는 사역, 3)지금까지 제 삶의 현장에서, 사역 현장에서, 제 이웃들과의 만남과 교제의 현장에서 역사하신 하나님 아버지의 은혜를 기록으로 남기는 사역을 시작하려 합니다. 다 내려놓고 빈손 들고 떠나는 여정이지만 모세의 손에 쥐어주신 '하나님의 지팡이'를 꼭 붙잡고 시작하겠습니다. 게이더 패밀리(Gaither Family)가 부르는 '약한 나로 강하게'(Look What The Lord Has Done)를 올려드립니다. 함께 들으며 은혜를 받고 나눠요. 부르는 분, 참여한 분들 모두의 그 뜨거운 열정을 제 가슴에 품고 하나님의 은혜를 나누고 전하며 달려가겠습니다. 기도해주세요.

**하나님께서 요즘 제 만남의 사역을 새로운 방향으로 인도해 주시네요. 생각지도 못했던 연해주 우수리스크 사역자들과의 만남을 허락해 주셔서 저는 주저앉아 있어도 하나님께서는 쉬지 않고 일하심을 보여주며 새 힘을 얻게 해주시네요. 또 장로님 한 분이 지원해 주셔서 제 주위의 은퇴하신 목사님 몇 가정이 한 달에 한 번씩 목요일에 조찬모임을 가지게 되었습니다. 은퇴하신 목사님들이라 여러 면에서 자유로움과 여유로움이 있어 힘을 얻게 되네요.

노아 목사님은 엊그제 한국, 중국, 연해주 사역 현장을 방문하기 위해 떠났습니다. 3월 초에 선교지 방문여행을 떠난 리처드 목사님은 태국, 캄보디아, 필리핀, 인도네시아의 사역 현장 소식을 상세하게 전해주고 있어 가슴을 설레게 해주네요. 목회와 선교사역을 할 때는 가족, 친척들과의 만남을 애써 피해 왔었는데, 요즘은 계속 만나게 됩니다. 가족, 친척들과의 만남에는 지금까지 느껴보지 못했던 새로운 차원의 편안함과 여유로움이 있네요. 하나님께서 때를 맞춰 인도해 주심을 느낍니다. 새로운 만남들에 하나님께서 주시는 은혜가 넘치기를 기도해주세요.

***제가 바위 사역을 떠난다고 발표한 그 날 로이 형제는 신장이식 수술을 하게 되었지요. 하나님께서 어떻게 이렇게 절묘하게 시간을 맞추시는지 로이와 제가 함께 신기해하며 하나님께 감사의 기도를 드렸지요. 또 같은 날, 중국의 마이크로부터 급한 연락이 왔습니다. 오랫동안 연락이 끊겨 있었는데 갑자기 큰 수술을 받게 되었다며 도움을 요청하는 연락이었지요. 그 결과, 중국의 동역자들과 힘을 모아 수술을 잘 끝내게 되었고 다시 새로운 관계들이 맺어지게 되었네요. 로이와 마이크를 위해 간절히 기도해주세요.

3

*요즘 중국의 동역자들이 전해 오는 북한소식들이 참 어둡고 답답하네요. 4월 중에 북한이 국경을 열지 않으면 아마도 이 한 해는 물건만 받아들이고 사람은 국경을 통과할 수 없게 될 것이라고 하네요. 그 안의 담당자들에게서 무리한 요구들이 계속되는 것을 보아 그 어려움의 정도를 짐작할 수 있네요.

유치원/탁아소 아이들, 고아들, 약한 자들의 신음소리가 가슴을 울려오네요. KBS를 통해 신의주의 풍경, 북한 낙하산부대의 훈련 중 발생한 참사 등을 보며 그 안의 힘없고 작은 자들의 아픔이 내 아픔으로 가슴을 파고드네요. 하나님께서 그 땅을 열어주시고, 약한 자와 가난한 자들을 구해주시기를 기도해주세요.

**한국, 미국, 중국, 그 외 여러 지역 동역자들의 가정과 사역을 위해서 기도해주세요. 중국의 히즈 카페(Hiz Cafe)로부터 기술고등학교 출신들이 새 직원으로 들어와 활기가 넘친다는 기쁜 소식이 왔네요. 알리사는 현재 일본을 방문 중에 있고요, 메리 권사님은 자녀들과 함께 한국을 방문 중인데, 벌교의 진화 사모님과 3자녀들을 방문하려고 계획 중이라고 하네요. 위해서 기도해주세요.

***저는 지난 3월 10일(주일)부터 3주일은 글렌데일의 한 교회를 계속해서 방문하며 큰 은혜를 받았네요. 고난주간 특별새벽기도회와 부활주일예배는 글로벌선교교회에서 드렸고요. 다른 교회를 심방하는 주일 전 토요새벽예배는 글로벌선교교회에서 드리려 힘쓰고 있습니다. 4월 14일(주일) 1부, 2부,

3부 예배는 글로벌선교교회에서 저의 제3기 사역을 위한 파송과 헌신 예배로 드려지도록 교회에서 허락해주셨습니다. 4월부터는 LA 남쪽 지역에 있는 한 교회를 계속해서 방문하며 섬기려 합니다. 미국이민 초기 10년을 지냈던 지역이고 제 20대와 30대의 삶의 냄새가 곳곳에 스며들어 있는 제2의 고향 같은 지역입니다. 제3기 사역을 시작하며 이 지역의 교회에서 예배드릴 수 있게 인도해 주신 하나님께 감사를 드립니다. 이 모든 여정에 하나님께서 동행해 주시기를 기도해주세요.

2024년 4월 22일, 월요기도 제목

까마득한 날에
하늘이 처음 열리고
어디 닭 우는 소리 들렸으랴

모든 산맥들이
바다를 연모해 휘달릴 때도
차마 이곳은 범하던 못하였으리라

끊임없는 광음을
부지런한 계절이 피어선 지고
큰 강물이 비로소 길을 열었다
지금 눈 내리고
매화 향기 홀로 아득하니
내 여기 가난한 노래의 씨를 뿌려라

다시 천고의 뒤에
백마를 타고 오는 초인이 있어
이 광야에서 목 놓아 부르게 하리라

광야, 이육사

시 '광야'는 경북 안동에서 출생하여 항일 운동가로 활동하며 조국의 독립과 광복을 간절히 바라는 저항시를 쓴 이육사의 대표작으로 그의 죽음 후에 발표된 유작입니다. '이육사'라는 필명은 일제에 검거되어 대구형무소에 수감되어 있을 때 받은 그의 수감번호 '264'에서 따온 것이라고 하네요.

그는 컴컴하고 답답한 감옥 안에서도, 앞이 보이지 않는 어두운 시대상황 속에서도 도도히 흐르는 역사의 물결을 보고, 그 누구도 막을 수 없는 자유정신의 거대한 산맥의 흐름을 보며 꿈을 꾸고 새날을 노래했습니다. 지금은 눈보라 휘몰아치는 한겨울일지라도 홀로 향내를 풍기는 매화로 피어나기를 소망하네요. 시인은 꽁꽁 얼어붙은 땅을 뒤엎고 소망의 씨를 뿌린다고 노래했습니다. 언젠가 마침내 우리에게 찾아올 그날, 함께 소리 높여 부를 새 노래를 지금 쓰고 있다고 고백하네요.

참 어렵고 힘든 현실인데 하나님께서 모든 것을 내려놓고 새로 꿈을 꾸며, 밭을 갈고, 씨를 뿌리며, 다시 시작하라고 제 등을 밀어주십니다. 그러면서 귀한 만남들을 허락해주시고 참 반갑고 귀한 소식도 들려주시네요. 그 누구도 막을 수 없는 주님의 붙잡아주시는 손길에 꼭 붙잡혀 앞만 보고 달려가라고 말씀해주시네요.

모세 목사님은 우리들 중에서 제일 먼저 가정 전체가 사역에 몸담았고, 가장 열정적으로 헌신하신 분이지요. 큰 뜻을 품고 미국으로 와서 공부를 마쳤고, 좀 더 활동범위를 넓히기 위해 미국영주권도 신청하여 거의 모든 절차가 끝나, 기다리기만 하면 되는 마지막 단계에서 거절되었다는 편지를 이민국으로부터 받았었지요. 우리 모두 많이 낙심했고, 그래도 다시 기도하며 호소(Appeal)해보자고 편지를 보냈지요. 엊그제 느닷없이 영주권이 나왔다는 편지가 이민국으로부터 전달되어 우리는 함께 기뻐했습니다. 담당 변호사도 이런 경우는 처음이라고 얼떨떨해 하면서, "이건 하나님께서 하신 일"이라고 고백하네요. 참 힘들고 모든 것이 꽉 막혀 있는 이 때, 낙심하지 말고 기도하고, 꿈꾸며, 씨를 뿌리라는 하나님의 사랑의 음성입니다. 하나님 아버지, 감사합니다. 다시 또 일어서 달려가겠습니다.

기다림, 기다림의 시간, 기다림의 대상, 기다림의 자세…. 이 모두가 우리의 가슴을 설레게 하고, 삶의 자세를 가다듬으며 다시 살펴보게 해주는 말이지요. 정일헌이 부르는 '기다림의 시간'을 올려드립니다. 함께 듣고, 따라 부르기도 하며 우리 모두의 기다림의 자세를 새롭게 세워요.

'일출봉에 해 뜨거든 날 불러주오/ 월출봉에 달 뜨거든 날 불러주오/ 기다려도 기다려도 임 오지 않고/ 물레소리 빨래소리에 눈물 흘렸네.'

2024년 4월 26일, 금요기도제목

1

*"요셉이 자기 아버지 야곱을 인도하여 바로 앞에 서게 하니 야곱이 바로에게 축복하매 바로가 야곱에게 묻되 네 나이가 얼마냐. 야곱이 바로에게 아뢰되 내 나그네 길의 세월이 백삼십년이니이다. 내 나이가 얼마 못 되니 우리 조상의 나그네 길의 연조에 미치지 못하나 험악한 세월을 보내었나이다 하고 야곱이 바로에게 축복하고 그 앞에서 나오니라."
(창 47:7~10)

**야곱과 바로의 만남은 축복으로 시작하여 축복으로 끝나네요. 당대의 최고 권력자 바로 앞에 선 야곱, 130세의 험악한 세월을 보낸 노인, 얍복나루에서의 천사와의 씨름으로 아마도 다리를 저는 야곱, 이민자 야곱…. 그러나 야곱은 당대 최고 권력자 바로 앞에서 당당하게 축복하는 자로 시작하고 축복하는 자로 끝을 맺네요. 하나님의 사람의 아름다움이 바로 이런 것이라 생각되어 저도 닮고 싶습니다.

***4월 14일(주일) 글로벌선교교회에서 제3기 사역을 위한 파

송과 헌신의 예배를 드렸지요. 예배를 드리면서 저는 빚진 자로서 1)택하심의 사랑의 손길에 붙잡혀 앞만 보고 달려가며, 2)약할 때 강함 주시는 은혜의 손길을 의지하고 범사에 감사하고 찬양하며 달려가고, 3)계속해서 저를 쓰시겠다며 버리지 않고 붙잡아 주시는 사랑의 하나님의 손길에 꼭 붙잡혀 끝까지, 쉬지 않고 달려가기를 약속했지요. 그러면서 3기 사역으로 1)교회 심방 사역, 2)실크로드(가스펠 러니스 클럽) 사역, 3)바위 사역 20년을 통한 하나님의 은혜의 역사를 기록으로 남기는 사역을 말씀드렸습니다. 이 사역을 통해 축복하고, 격려하며, 꿈을 나누는 아름답고 복된 하나님의 사람으로 제 삶을 마감할 수 있게 되기를 소원하며 기도를 부탁했습니다. 위해서 기도해주세요.

2

*중국과 한국의 여러 동역자들의 가정과 사역을 위해서 기도해주세요. 해마루촌 사역의 제롬과 알리사는 이제는 농군이 다 되어 새봄을 맞아 씨뿌리며 준비하는 일에 열심이네요. 통일촌 사역의 선과 미나는 교회와 마을을 연결하며 함께 사역을 넓혀가는 일에 힘쓰고 있고요. 중국의 히즈 카페에는 요즘

많은 방문자들이 몰려와 정말 바쁜 시간들을 보내고 있다고 하네요. 그 중에서도 바위 가족 가운데 몇 분이 방문하여 제일 활발하게 움직이고 있다고 합니다. 백두산에 올라 천지를 내려다보며, 그 너머를 바라다보고 기도하며 축복하는 시간을 가졌고요, 도문광장에 모여서 강 건너 남양시와 그 너머를 보며 기도하며 축복했다고 하네요. 훈춘의 폴을 방문하여 강변을 따라 달리며 강 건너에 펼쳐지는 사역 현장을 바라보며 기도하고 축복하는 시간도 가졌다 하고요. 그리고 뒤늦게 중국에 도착한 박 선생님 부부의 환영모임에는 그 지역의 모든 동역자들이 다 함께 모여 '아주 맛있는 음식을, 그 중에서도 제가 제일 좋아하는 음식들'만 특별히 골라 함께 먹으며 교제할 계획이라면서 제 심장을 콕콕 찌르고 있네요. '두고 보자, 내게도 빚 갚을 날은 기필코 오고야 말테니까!' 그날을 기다리며 함께 기도해요.

**1) 샌디에이고의 발레리는 CFK의 하이디의 초청으로 5월 6~16일에 몽골을 방문하게 되었다고 하네요. 중국 세관에 발이 묶여있는 결핵약과 의료기기들을 몽골로 옮겨 몽골을 통해 북으로 들여보낼 길을 찾아보려는 노력이라고 합니다. 발레리는 암 수술 후에 잘 회복되어 8월에 몽골에 들어가 새로운 사

역을 시작하려고 기도 중이었는데 하나님께서 미리 방문할 길을 열어주셨다고 기뻐하며 기도를 부탁하네요. 위해서 기도해주세요.

2) 강변사역의 찰스 박 목사님이 5월 6일부터 2주간 중국을 방문한다고 합니다. 강변을 따라 진행되는 사역을 돌아본 후에는 최근 연결된 새로운 사역자 몇 가정을 만나 함께 기도하며 꿈을 나누는 시간을 가질 계획이라고 하며 기도를 부탁하네요. 쉬지 않고 앞만 보고 달려가는 모습이 참 아름답네요. 기도해주세요.

3) 언뜻 들려오는 소식 중에 남미 계통의 국가 여권을 가진 분들에게 북한이 국경을 개방하고 여행자를 모집한다고 합니다. 특별히 그 여행객을 모집하는 회사의 책임자가 약 2년 전에 만난 적이 있는 멕시코 국적의 젊은 부부인 것 같아 뭔가 또 새로운 문이 열리는 것 같습니다. 기도해주세요.

***제3기 사역을 시작하며 저와 바위와의 관계를 묻는 질문을 자주 듣게 됩니다. 저는 바위 사역을 떠나 저만의 속도를 지키며 제 길을 가려고 합니다. 사역을 넘겨주면 확실하게 끊고 떠나는 것이 제가 감당해야 할 마지막 책임이기 때문이지요. 그리고 젊고 활력이 넘쳐 빨리 가는 새 사역자들에 비해,

저는 원래 좀 느리고 천천히 가는 장거리 경주자이기 때문에 제 속도대로 멀찍이 뒤에 떨어져 가기로 했습니다. 천천히 뒤 따라가며 빨리 달리는 가운데 미처 보지 못한 것들, 만나지 못한 사람들을 만나기도 하고, 섬기기도 하며 이삭줍기를 하려고 합니다. 바위가족들을 위한, 함께 기도하며 섬기는 교회들과 단체들을 위한, 북한 안에서 만난 친구들을 위한 기도는 계속하고 있고요. 위해서 기도해주세요.

3

*새로 시작한 교회 심방 사역을 하나님께서 기뻐하셔서 귀한 분들을 계속 만나게 해주시네요. 글렌데일의 교회를 방문했을 때는 연해주 사역을 감당하시는 K목사님을 만나게 해주셨지요. 코리아타운의 한 교회를 방문한 날, 뜻밖에 귀한 분들을 만나게 되었습니다. 온성 출신의 에녹 형제와 회령 출신의 미셸 자매였지요. 두 분 모두 캐나다 시민권을 가지고 있고, 영어에도 능통한 전문직을 지닌 젊은 일꾼들이었지요. 미국 방문 중에 우연히 예배에 참석한 교회에서 만날 수 있도록 하나님께서 인도해 주셨네요. 함께 서로를 위해 기도하며 함께 꿈을 꾸며 나가겠습니다. 기도해주세요.

***지난 화요일(4월 23일)에 제가 쓰려고 계획하는 책을 위한 기도모임이 있었습니다. 책을 쓰려는 목적과 책의 내용, 그 일을 위한 행정적인 절차와 필요한 지원을 의논하고 함께 기도하는 시간을 가졌습니다. 책에는 지난 20년간 하나님께서 행하신 은혜의 역사가 담기게 됩니다. 특별히 하나님께서 택하시고 친히 사용하신 하나님의 사람들의 이야기를 기록으로 남긴다는데 의미를 두고 있습니다. 기도해주세요.

***조셉 김은 중국 바위 소속 폴 박의 큰 동서인 조선족 형제입니다. 약 10년 전에 온 가족과 함께 풀러신학교로 유학을 와서 박사학위를 받았습니다. 오는 6월 5일(수요일)에 목사안수를 받게 되었는데, 안수 후 처음 설교를 제 80세 생일감사예배(6월 8일, 토요일)에서 해주시기로 약속하셨습니다. 감사를 드립니다. 로이 형제가 신장이식수술을 마치고 집에 온 날 전화했더니 첫마디가 "이제는 목사님과 함께 순두부를 먹을 수 있게 되었네요"였습니다. 수술 후 3개월이 지나면 일반 음식을 먹을 수 있는데 6월 8일이 3개월 되는 날이라며 좋아하고 있네요. 함께 축하하며 위해서 기도해주세요.

2024년 6월 3일, 월요기도제목

강나루 건너서
밀밭 길을

구름에 달 가듯이
가는 나그네

길은 외줄기
남도 삼백리

술 익는 마을마다
타는 저녁놀

구름에 달 가듯이
가는 나그네

　　　나그네, 박목월

'구름에 달 가듯이 가는 나그네'

참 멋지고 아름다운 말이네요.

'길은 외줄기, 남도 삼백 리'

하나님께서 정해주신 오직 한 길, 얼마 안 남았네요. 하나님께서 준비해 주신 바로 저기에 있는 천국 잔치를 바라보며 구름에 달 가듯이 나의 나그넷길을 마칠 수 있기를 기도하고 있어요. 기도해주세요.

책을 쓰는 일은 하나님의 인도하심 속에 잘 진행되고 있네요. 지난 20년, 오직 하나님의 은혜였습니다. 그 크신 은혜를 기록으로 남기고 싶어 시작했지요. 하나님의 은혜로 함께 만나고, 교제하고, 동역한 은혜의 사람들의 이야기도 남기고 싶어 시작했고요. 책의 제목은 '하나님은 이루시고, 우리는 꿈꾸며 기도하고'입니다. 부제는 '바위 사역(VOWE #37) 20년을 뒤돌아보며'이고요. 총 8장으로 구성되어 있는데, 오늘(6월 3일)까지 4장을 끝냈네요.

책을 출간하는 비용은 서울바위와 정훈일 목사님이 지불해 주었고요, 책 출간 후의 뒤처리 비용은 알리사가 담당해 주기로 했네요. 이 책을 출간한 후에 3권의 자료집을 비매품으로 출간하여 필요한 분들에게 배부할 계획이고요. 책의 원고는 7

월초까지 완성하여 출판사에 보내고, 9월 중에 책이 나오면 저희 부부가 함께 서울에 가서 한 달간 지내려고 계획하고 있습니다.

10월 초에 한국에 가서 책 출간 행사와 만남을 마친 후에는 DMZ를 따라 달리며 기도하는 시간을 가지려고 합니다. 바위 사역을 시작할 때, 압록강과 두만강변을 따라 달리며 북한 땅을 바라보고 기도했었지요. 제3기 사역을 시작하며 이번에는 DMZ를 따라 달리며 북한 땅을 바라보며 기도하려고 합니다. 기도해주세요.

그 후에는 실크로드를 달리는 사역에 전념하려고 합니다. 엊그제도 젊은 부부가 자녀들과 함께 연해주로 간다는 연락을 받았네요. 연해주로부터 예루살렘에 이르기까지 마치 사막의 오아시스같이 곳곳의 주요 지점에 자리를 잡고 동역자들이 기다리고 있네요. 저는 이분들을 방문하여 함께 기도하고, 꿈을 나누고, 격려하고, 축복하는 시간을 가지려 합니다. 모세가 느보산에 올라 멀리 이스라엘 민족이 들어가 차지할 땅을 바라보았듯이 저도 우리 가스펠 러너들이 복음을 외치며 달려가 복음화시킬 그 땅들을 살펴보고 기도하며 감사하고 싶네요. 기도해주세요.

2024년 6월 7일, 금요기도제목

1

⁸"요셉이 아버지의 무릎 사이에서 두 아들을 물러나게 하고 땅에 엎드러 절하고 오른손으로는 에브라임을 이스라엘의 왼손을 향하게 하고 왼손으로는 므낫세를 이스라엘의 오른손을 향하게 하여 이끌어 그에게 가까이 나아가매 이스라엘이 오른손을 펴서 차남 에브라임의 머리에 얹고 왼손을 펴서 므낫세의 머리에 얹으니 므낫세는 장자라도 팔을 엇바꾸어 얹었더라. 그가 요셉을 위하여 축복하여 이르되 내 조부 아브라함과 아버지 이삭이 섬기던 하나님, 나의 출생으로부터 지금까지 나를 기르신 하나님, 나를 모든 환난에서 건지신 여호와의 사자께서 이 아이들에게 복을 주시오며 이들로 내 이름과 내 조상 아브라함과 이삭의 이름으로 칭하게 하시오며 이들이 세상에서 번식되게 하시기를 원하나이다. 요셉이 그 아버지가 오른손을 에브라임의 머리에 얹은 것을 보고 기뻐하지 아니하여 아버지의 손을 들어 에브라임의 머리에서 므낫세의 머리로 옮기고자 하여 그의 아버지에게 이르되 아버지여 그리 마옵소서 이는 장자이니 오른손을 그의 머리에 얹으소서 하였으나 그의 아버지가 허락하지 아니하며 이르되 나도 안다 내 아들아 나도 안다 그도 한 족속이 되며 그도 크게 되려니와 그의 아우가 그보다 큰 자가 되고 그의 자손이

여러 민족을 이루리라 하고 그날에 그들에게 축복하여 이르되 이스라엘이 너로 말미암아 축복하기를 하나님이 네게 에브라임 같고 므낫세 같게 하시리라 하며 에브라임을 므낫세보다 앞세웠더라."(창 48:12~20)

**야곱은 그의 죽음의 자리에서 요셉의 두 아들에게 축복합니다. 장자인 므낫세에게 차자의 축복을, 차자인 에브라임에게 장자의 축복을 내리네요. 그리고 그 축복의 기도는 그대로 이루어지지요.

"믿음으로 야곱은 죽을 때에 요셉의 각 아들에게 축복하고 그 지팡이 머리에 의지하여 경배하였으며"(히 11:21)

성경은 이 말씀을 '야곱의 믿음의 기도'라고 요약하여 해석해주네요. 그 당시 장자와 차자의 차이는 도저히 넘을 수 없는, 하늘과 땅 만큼이나 큰 차이였지요. 야곱은 이 차이를 극복해 보려고 온갖 인간적인 방법과 수단을 써보았습니다. 그리고 그의 죽음의 자리에 이르러서야 오직 '믿음의 기도'만이 해결의 길임을 깨닫고 믿음으로 기도하네요. 이 말씀은 팔을 엇바꾸어 머리에 얹어 만들어진 십자가, 그 십자가에 달리셔서 죽으시고 부활하셔서 저주와 절망의 십자가를 부활의 소망과 새 생명의 십자가로 변화시켜 주신 예수 그리스도의 이름을 의지하여 우리도 믿음으로 무엇이든지 구할 수 있음을 선포해주시네요.

***이 말씀은 가스펠 러너스 클럽의 꿈을 새롭게 해주며 기도하게 해주시는 말씀이네요. 이 말씀에 의지하여 1) 북한의 고아들이 가스펠 러너들이 되게 해달라고 기도할 수 있네요. 2) 실크로드가 가스펠 로드가 되기를 기도할 수 있네요. 3) 통일 한국이 세계복음화의 전초기지가 되기를 기도하게 되네요. 4) 제3기 사역을 시작하는 저도 가스펠 러너들과 함께 실크로드를 달리게 해달라고 떼쓰며 기도할 수 있네요.

2

*1) 북한이 복음화되고 그 안에 예배가 회복되기를 2) 북한의 다음 세대가 복음의 용사로 양육되도록 3) 주 안에서 남과 북이 복음으로 통일되기를 기도해주세요.

**1) 급식/진료사역 위해서 2) 고아원 직업훈련 사역을 위해서 3) 2세 동역자 후원 사역을 위해서 기도해주세요

***1) Repairer&Restorer's Club을 위해서 2) 200 Businessmen's Club을 위해서 3) Gospel Runner's Club을 위해서 기도해주세요.

3

저를 위한 특별기도 요청입니다. 요즘 책을 쓰고 있는데 생각지 못했던 어려운 문제가 일어나고 있네요. 책 쓰는 일에만 골몰하다 보니 제 일상생활의 틀이 무너져 내리는 아픔이 있네요. 매일 성경읽기, 기도, 사람들과의 만남 등 세 가지가 저를 지탱해주는 삶의 기둥인데, 책을 쓰는 일에 온통 신경이 집중되어 이 3가지 삶의 기둥을 등한시 할 때가 계속 많아지네요. 책을 쓰기 위해 계속 쏟아내기만 하고, 내 속으로 들어오는 것이 없으니 허탈하기도 하고 은근히 겁도 나며 때론 짜증도 나네요. 요즘 제 모습이 소위 '눈에 뵈는 게 없는 멍청하고 매정한' 늙은이 같다는 생각도 들고요. 그래서 일단은 시작한 책을 빨리 끝내기로 했습니다. 집중해 써서 빠른 기간 안에 완성하겠습니다. 기도해주세요. 그리고 응원해주세요.

책을 끝내면서 드리는 기도부탁

하나님 아버지의 도우심의 손길에 붙잡혀 책 쓰기를 끝낼 수 있었습니다. 막상 책 쓰기를 마치고 나니 허전하기도 하고 뭔가 아쉬움도 많이 남아있네요. "할아버지, 또 오시라요"라고 외치며 따라오던 고아들의 이야기가 빠져있어 아쉬움을 남기네요. 볼일 보러 변소를 슬며시 찾아갔는데 어느 틈에 눈치 채고 먼저 와서 숨어있다 히히 웃으며 V자를 그리며 도망치던 유치원 아이들의 이야기도 빠져 있고요.

"내일 모레가 할머니 생신 잔치인데 마침 목사님이 오늘 오셨네요"라고 말하면서 수줍게 몸을 꼬던 어린 종업원의 이야기도 넣어야 했었는데…. 결혼 날자와 결혼할 남자의 이름을 주면서 "목사님은 그날 올 수 없겠지요?" 하면서 샐샐 웃던 종업원의 모습. 애교가 넘쳤지만 약간은 능청스럽다는 생각도 들었었지요. 가을철에 우연히 송이버섯을 많이 구할 수 있어서 모시고 있는 가족의 윗분들에게 전해 드리라고 했을 때의 그분들의 반응. 바닷가에 나갔다가 싱싱한 생선을 많이 구할 수 있어서 생선탕을 끓여 동네잔치를 벌였을 때 일어났던 이야기. 이분들을 통해 수박 겉핥기식으로 알게 된 가족관계와 살아가는 풍습도 빠졌다는 생각이 들어 많이 아쉽네요. 당장 찾아가 만나서 빠진 부분들을 확인해보고 싶네요. 모든 길이 막혀있으니 기도할 뿐입니다. 위해서 기도해주세요.

그 안에서 그분들과 어울려 지낼 때 '반달'을 참 많이 불렀습니다.

"푸른 하늘 은하수 하얀 쪽배엔 계수나무 한그루 토끼 한마리 돛대도 아니 달고 삿대도 없이 가기도 잘도 간다 서쪽 나라로"

지난 20년, 작고 초라한 가슴에 고아들, 어린 아이들을 먹이고 싶다는 작은 꿈을 품고, 기도의 노를 저으며, 은혜의 물결 따라 잘도 흘러왔네요. 이제 바위 사역을 지나 제3기 사역의 길을 떠납니다. 막막하기도 하고 내 자신이 초라해 보이기도 하지만, 지난 세월 바위와 함께 하셨던 인도하심의 별빛은 여전히 내 앞에서 길을 밝히며, 길을 잡아주고 있네요.

"하나님은 이루시고, 우리는 꿈꾸며 기도하고"

이 별빛 바라보며 쉬지 않고 기도의 노를 저어 가겠습니다. 기도해 주세요.

하나님은 이루시고
우리는 꿈꾸며 기도하고

초판 1쇄 _ 2024년 9월 28일

지 은 이 _ 김대평
펴 낸 이 _ 이태형
펴 낸 곳 _ 국민북스
편　　집 _ 김태현
디 자 인 _ 서재형

등록번호 _ 제406-2015-000064호
등록일자 _ 2015년 4월 30일

주　　소 _ 경기도 파주시 탄현면 헤이리마을길 93-75, 헤이리더스텝 A동 211호
전　　화 _ 031-943-0701
팩　　스 _ 031-942-0701
이 메 일 _ kirok21@naver.com
ISBN 979-11-88125-8 03230